Nicky Gumbel

HEISSE EISEN ANGEPACKT

Verlag C. M. Fliß
Lütt Kollau 17, 22453 Hamburg

Originaltitel: Searching Issues
Umschlag: image design
Übersetzung: D. Ewert
Satz: Convertex, Aachen
Druck: Printed in Germany

5. Auflage 2002

ISBN 3-931188-02-7

Inhalt

Vorwort

In letzter Zeit nimmt das Interesse an geistlichen Dingen explosionsartig zu. Ob in TV-Programmen oder Zeitungsartikeln – überall kommt einem die Frage nach dem Sinn und Zweck des Lebens entgegen, oder es geht um das Leben nach dem Tod und die Existenz Gottes. Im Zuge dessen interessieren sich viele auch ganz neu für das Christentum.

In zahlreichen Gesprächen über den christlichen Glauben – besonders auch mit Nicht-Christen – habe ich festgestellt, daß eine Reihe von speziellen Fragen immer wieder angesprochen wird. Auf einige von diesen bin ich in meinem Buch *Questions of Life* bereits eingegangen. In dem vorliegenden Buch möchte ich mich nun in erster Linie mit Dingen beschäftigen, die gewöhnlich als Einwände gegen den christlichen Glauben geltend gemacht werden.

In unserem »Alpha-Kurs«, der besonders dazu gedacht ist, Menschen mit solchen Vorbehalten zu helfen, sprechen wir über den in *Questions of Life* behandelten Stoff. In den sich anschließenden Gesprächsgruppen werden dann häufig irgendwelche Einwände vorgebracht. Die Teilnehmer stimmen zwar im großen und ganzen mit dem, was gesagt wurde, überein, doch hört man immer wieder: »Was ist aber mit ...?« In dem vorliegenden Buch habe ich sieben Fragen angeschnitten, die am meisten gestellt werden, und zwar nach ihrer Häufigkeit geordnet. Es sind Fragen von Menschen, die nach der Wahrheit suchen, die oft herausfordernd und schwierig zu beantworten sind.

Die Themen »Leid« und »andere Religionen« führen die Liste von Einwänden, die gegen den christlichen Glauben vorgebracht werden, mit weitem Abstand an. Der Punkt »Sex vor der Ehe« kommt gewöhnlich irgendwann später während des Kurses zur Sprache und ist in unserer Gemeinde oft der Hauptgrund, warum Menschen zögern, Christ zu werden. Dieser Einwand ist eher ein moralischer als ein verstandesmäßiger. Die restlichen Fragen kommen zwar nicht jedesmal zur Sprache, werden aber hin und wieder doch aufgeworfen. Eine wachsende Anzahl von Menschen hat bereits irgendwann Kontakt mit der New-Age-Bewegung gehabt und möchte nun wissen, wie das vom christlichen Standpunkt aus zu sehen ist. Andere besitzen entweder selbst homosexuelle Neigungen oder haben Freunde, die dazu tendieren, und möchten deshalb brennend gern über die christliche Einstellung zur Homosexualität Bescheid wissen. Der Einwand, Wissenschaft und christlicher Glaube widersprächen sich, kommt zwar heute weniger häufig vor, ist aber für manche immer noch ein kritischer Punkt. Das letzte Kapitel beschäftigt sich mit der Dreieinigkeit Gottes. Dieses Thema ist besonders für Menschen, die zu einer Sekte gehört haben, ein Problem, aber auch für solche, die vielleicht eher zum Philosophieren neigen.

Jedes der angeschnittenen Themen ist riesengroß und kompliziert und wirft zudem eine Reihe wichtiger theologischer Fragen auf. Es ist klar, daß man sie nicht auf wenigen Seiten erschöpfend behandeln kann. Die einzelnen Kapitel stellen lediglich den Versuch dar, einige der Hauptargumente zusammenzufassen und Vorschläge für praktische Hilfestellungen weiterzugeben.

Ich möchte all jenen danken, die mir mit ihren Kommentaren zu den Entwürfen für dieses Buch geholfen haben, ganz besonders Jo Glen, Patricia Hall, Helena Hird, Rev. Chris Ash, David Sinclair, Rev. Graham S. Tomlin, Chris Simmonds, Tom Smiley, Tamsen Carter, Jon Soper und Dr. Roland Werner. Mein besonderer Dank gilt ferner Philippa Pearson Miles für die erstaunliche Geduld, enorme Geschwindigkeit und große Hingabe, mit der sie die zahlreichen Manuskripte abgeschrieben hat.

1
WARUM LÄSST GOTT LEID ZU?

Ein junger Mann aus New York mit Namen Glenn Chambers hatte zeit seines Lebens davon geträumt, einmal für Gott in Ecuador zu arbeiten. Vom Flughafen aus wollte er vor seiner Abreise seiner Mutter noch einen Gruß schikken, hatte aber keine Zeit mehr, eine Postkarte zu kaufen. Auf dem Fußboden des Terminals sah er ein Stück Papier liegen und bückte sich, um es aufzuheben. Es war ein Werbetext unter der Überschrift »Warum?«. Rund um dieses Wort »Warum?« kritzelte er die Grüße an seine Mutter. Am gleichen Abend stieß die Maschine, in der er saß, gegen den über 4.000 Meter hohen El Tablazo in Kolumbien und explodierte. Als seine Mutter, nachdem sie die Todesnachricht erhalten hatte, die Abschiedszeilen ihres Sohnes in der Hand hielt, grub sich ihr die Frage »Warum?« brennend ins Herz ein.

Das Thema »Leid« ist der am häufigsten gegen den christlichen Glauben vorgebrachte Einwand. Wir werden beständig mit Leid konfrontiert. »Die Tatsache des Leides stellt ohne Zweifel die absolut größte Herausforderung für den christlichen Glauben dar, heute wie in jeder Generation vor uns. Es scheint in seiner Verteilung und Schwere ganz und gar zufällig und deshalb unfair zu sein.«[1]

Zum einen sehen wir das Leid auf globaler Ebene. Es gibt Naturkatastrophen wie Erdbeben, Hungersnöte und Überschwemmungen. Das Leid, das daraus resultiert, ist oft unerbittlich und überwältigend. Gerade in unserem Jahrhundert ist die Aufmerksamkeit durch die beiden

Weltkriege ganz akut auf globales Leid gelenkt worden. Neben diesen beiden großen Kriegen hat es auch sonst kaum eine Zeit gegeben, in der nicht irgendwo auf der Welt kriegerische Auseinandersetzungen stattgefunden hätten.

Zum zweiten gibt es kommunale Tragödien. Eine der schlimmsten Katastrophen in der Geschichte Großbritanniens ereignete sich am 21. Oktober 1966 in Aberfan, als eine riesige Kohlenhalde ins Rutschen kam und die Pantglas-Grundschule unter sich begrub, wobei 116 Kinder und 28 Erwachsene den Tod fanden. Beinahe täglich lesen oder hören wir von Flugzeugabstürzen, Schiffsunglücken oder sonstigen Katastrophen, die manchmal Hunderte von Todesopfern fordern.

Drittens ist da das Leid auf persönlicher Ebene, von dem wir alle mehr oder weniger betroffen sind. Dazu gehören Todesfälle in der Familie, Krankheit, Behinderung, zerbrochene Beziehungen, unglückliche Ehen, unfreiwilliges Alleinsein, Depression, Einsamkeit, tiefe Armut, Verfolgung, Ablehnung, Arbeitslosigkeit, Ungerechtigkeit, heftige Versuchung und Enttäuschung. Das Leid kann in unendlich vielfältiger Gestalt auftreten, und kein Mensch ist dagegen gefeit.

Vielleicht sollte man hier anmerken, daß Leid nicht in allen Religionen als Problem angesehen wird. Gerade für unsere jüdisch-christliche Tradition stellt es ein akutes Problem dar, weil wir glauben, daß Gott sowohl gut als auch allmächtig ist. C. S. Lewis hat das Gegenargument kurz und knapp so zusammengefaßt: »Wenn Gott gut wäre, würde Er Seine Geschöpfe vollkommen glücklich machen wollen, und wenn Gott allmächtig wäre, würde Er in der Lage sein, diesen Seinen Wunsch auch auszuführen. Aber die Geschöpfe sind nicht glücklich. Deshalb muß es Gott entweder an Güte oder an Macht oder an beidem fehlen.«[2]

Sowohl Theologen als auch Philosophen haben sich durch die Jahrhunderte mit dem Problem des Leides herumgeschlagen, doch keiner ist bis jetzt auf eine einfache und umfassende Lösung gestoßen. Die Bibel ist vor allem ein praktisches Buch, in dem dieses Thema nirgends systematisch und philosophisch abgehandelt wird. Was wir sehen, ist eine Reihe von Stellungnahmen zu diesem Problem, beginnend beim 1. Buch Mose bis hin zur Offenbarung. Allem Anschein nach gibt es vier sich teilweise überschneidende Einsichten, die wir nun der Reihe nach betrachten wollen.

Die Freiheit des Menschen

Das Leid ist nicht Teil der ursprünglichen Schöpfungsordnung Gottes (1. Mose 1-2). Es gab kein Leid auf der Welt, bevor der Mensch sich gegen Gott auflehnte. Und es wird kein Leid mehr geben, wenn Gott »einen neuen Himmel und eine neue Erde« (Offenbarung 21) erschaffen hat. Weder Geschrei noch Schmerz wird dann mehr sein. Das Leid kam erst in diese Welt, als Adam und Eva gesündigt hatten. Somit handelt es sich um ein feindliches Eindringen von außen in die Welt Gottes. Wenn nun alles Leid eine Folge der Sünde – direkt oder indirekt – ist, erhebt sich natürlich die Frage: Warum hat Gott es überhaupt zugelassen, daß die Sünde in die Welt kam?

Er tat das, weil er uns liebt und uns mit einem freien Willen geschaffen hat. Erzwungene Liebe ist keine Liebe. Liebe setzt die Möglichkeit zu einer echten Entscheidung voraus. Gott hat dem Menschen die Wahl überlassen und ihm die Freiheit gegeben, ihn zu lieben oder auch nicht. Und der Mensch hat von Anfang an diese Freiheit dazu benutzt, Gottes Gebote zu übertreten. Die Folge war Leid. C. S. Lewis schreibt dazu folgendes:

> Gewiß wäre es Gott möglich gewesen, durch ein Wunder die Folgen der ersten Sünde, die der Mensch begangen hatte, zu beseitigen. Aber das hätte nicht viel genützt, wenn Er nicht gleichzeitig bereit gewesen wäre, auch die Folgen der zweiten Sünde, der dritten und aller darauffolgenden zu beseitigen. Hätten die Wunder irgendwann aufgehört, wären wir früher oder später doch zu unserem gegenwärtigen, beklagenswerten Zustand gelangt; hätten sie nicht aufgehört, wäre die

> Welt, durch fortwährendes göttliches Eingreifen abgesichert und korrigiert, eine Welt, in der nichts, worauf es wirklich ankommt, jemals von einer menschlichen Entscheidung abhängig wäre. Ja, die Entscheidung selbst wäre schon bald durch die Gewißheit abgelöst worden, daß eine der beiden scheinbaren Alternativen, vor die man sich gestellt sah, keinerlei Folgen nach sich ziehen würde, weshalb es sich auch um keine echte Alternative gehandelt hätte.[3]

Manches Leid, das wir ertragen müssen, ist das Resultat *unserer eigenen Sünde*. Manchmal ist Leid die unvermeidliche Folge, wenn wir Gottes Gebot übertreten. Es gibt bekanntlich Naturgesetze. Wenn wir z. B. unsere Hand ins Feuer halten, verbrennen wir uns. In diesem Fall wirkt der Schmerz als Frühwarnsystem, um uns davor zu bewahren, die falsche Entscheidung zu treffen. Es gibt aber auch Moralgesetze. Gott hat die Welt auf der Basis moralischer Grundsätze geschaffen, und es besteht ein natürlicher Zusammenhang zwischen der Sünde und ihren Folgen. Wenn ein Mensch Drogenmißbrauch betreibt, kann das sehr leicht zur Drogenabhängigkeit führen. Wenn wir übermäßig Alkohol trinken, werden wir vielleicht früher oder später zum Alkoholiker. Wenn jemand sich betrunken ans Steuer setzt und bei einem Unfall verletzt wird, sind diese Verletzungen zumindest teilweise als direkte Folge seiner Sünde anzusehen. So führen Egoismus, Habgier, böse Lust, Hochmut und Jähzorn häufig dazu, daß Beziehungen zerbrechen und Menschen auf die eine oder andere Weise unglücklich werden.

Manchmal fordert Sünde bereits in diesem Leben Gottes Gericht heraus. Die Sintflut ist ein Beispiel für großes Leid auf globaler Ebene, das durch die Sünde verursacht wurde und Gottes Gericht zur Folge hatte. Als »der Herr sah, daß die Bosheit des Menschen auf der Erde groß war und alles Sinnen der Gedanken seines Herzens nur böse den ganzen Tag ... bekümmerte (es) ihn in sein Herz hinein« (1. Mose 6,5-6). Im Fall von Sodom und Gomorra kam es zu einer Katastrophe auf kommunaler Ebene, weil Gott die Sünde richtete. Bei anderen Gelegenheiten sehen wir, wie das Gericht Gottes aufgrund der Sünde einzelner kam (2. Könige 5,27; Lukas 1,20; Johannes 5,14; Apostelgeschichte 5,1-11; 1. Korinther 11,30). (Zur weiteren Erörterung des Unterschiedes zwischen den unvermeidlichen Folgen der Sünde und dem tatsächlichen Gericht Gottes über die Sünde siehe Kapitel 5 unter der Überschrift: »Ist Aids die Strafe Gottes für homosexuelle Praktiken?«)

An dieser Stelle soll betont werden, daß natürlich nicht alles Leid die unmittelbare Folge persönlicher Sünde ist. Die Freunde Hiobs meinten, er müsse gesündigt haben, weil er so viel Schweres durchgemacht hatte. Aber sie irrten sich gewaltig (Hiob 42,7-8). Jesus weist das automatische Verknüpfenwollen von Sünde und Leid ausdrücklich als verkehrt zurück (Johannes 9,1-3). Außerdem macht er deutlich, daß Naturkatastrophen nicht zwangsläufig eine Form von Gottesgericht darstellen (Lukas 13,1-5). Der Apostel Petrus zieht eine klare Trennungslinie zwischen Leiden als Folge persönlicher Sünde (»sündigen und [dafür] geschlagen werden«, siehe 1. Petrus 2,20) und Leid, das nichts mit unserer Sünde zu tun hat (»Unrecht leiden«, siehe Vers 19) sowie der Möglichkeit, »Gutes zu tun und [dafür] zu leiden« (siehe Vers 20).

Obwohl es bestimmt gut und richtig ist, unser eigenes Herz zu erforschen, wenn wir vom Leid getroffen werden, sollten wir äußerst vorsichtig damit sein, Erklärungen für das Leid anderer Menschen zu suchen. Der Kirchenführer David Watson, der mit 50 Jahren an Krebs starb, hat darauf hingewiesen, wie gefährlich es ist, wenn man andere beurteilt:

> Die Gefahr der Verknüpfung von Leid mit Sünde besteht darin, daß der Kranke ohnehin häufig unter Schuldgefühlen leidet. Wie oft habe ich beim Gespräch mit Schwerkranken festgestellt, daß sie sich besorgt fragten, was sie wohl Böses getan hätten, um in diese Lage zu geraten. Entweder sie geben sich selbst die Schuld, oder, wenn sie damit nicht leben können, projizieren sie ihre Schuld auf andere bzw. schieben sie Gott in die Schuhe. Einer muß ja schließlich

schuld sein! Das Fatale ist, daß sowohl Schuldgefühle – die oft der eigenen Phantasie entspringen – als auch direkte Beschuldigungen von seiten anderer – die häufig unfair sind – die Krankheit nur schlimmer machen und einer Heilung im Weg stehen.

Und doch weiß ich, wie leicht dies geschieht. Manchmal habe ich mir selbst die Frage gestellt, ob mein Asthma oder der Krebs nicht doch eine Strafe für irgendeine Sünde seien. Ich schäme mich, wenn ich an die vielen Dummheiten zurückdenke, die ich früher angestellt habe, und wenn mein Gewissen einigermaßen intakt ist, kann das sehr leicht zu Gefühlen von Schuld oder Verdammnis führen. Das Positive an der Sache ist, daß jedes Leid mich veranlaßt hat, mein Herz bis in die tiefsten Tiefen zu erforschen und über jede sündige Handlung oder Haltung, die ich entdecken konnte, Buße zu tun. Ich weiß von vielen, die auf dramatische Weise geheilt worden sind, nachdem sie so Buße getan und von Gott Vergebung erlangt hatten. Wie gesagt, es ist nicht verkehrt, unser Leben gründlich vor Gott zu überprüfen, um sich anschließend auch der Freude und Freiheit seiner Liebe bewußt zu sein.

Negativ wird das Ganze dann, wenn das Erforschen des Herzens zu Nörgelei und ungesunden Schuldgefühlen führt, vielleicht sogar zu einer verzerrten Vorstellung von Gott. Kann man sich vorstellen, daß Gott – angesichts der Tatsache, daß Jesus die Kranken geheilt und den Sündern ihre Schuld vergeben hat – sagt: »Aha, der David Watson! Letzten Monat ist ihm ein ganz schlimmer Ausrutscher passiert, also soll er mal für die nächsten zwanzig Jahre an Asthma leiden!« Oder, etwas später: »Jetzt hat er mich doch schon wieder geärgert! Soll der Krebs ihn auffressen!«? Gedanken dieser Art sind nicht nur lächerlich, sondern beinahe schon gotteslästerlich und absolut nicht mit einem Gott zu vereinbaren, der voller Liebe und Erbarmen ist, so wie er sich uns in Jesus gezeigt hat.[4]

Sehr viel Leid auf dieser Welt resultiert auch aus der *Sünde anderer Menschen*. Das läßt sich auf viele globale und kommunale Katastrophen anwenden. Denken wir nur an das Leid, das durch Kriege verursacht wird. Es ist immer eine Folge menschlicher Sünde, auch wenn diese oft auf beiden Seiten existiert. Der Hunger auf dieser Welt ist häufig das Resultat einer ungleichen Verteilung der Ressourcen, oder er wird durch Bürgerkriege oder andere Sünden der Menschen hervorgerufen. Sogar das Unglück in Aberfan war keine wirkliche Naturkatastrophe. Fünfmonatige Untersuchungen unter Leitung von Lordrichter Edmund Davies ergaben, daß die Kohlegesellschaft für das Unglück verantwortlich zu machen war. So schrieb eine Frau, die Geld an den Katastrophenfonds geschickt hatte, folgendes: »Zuerst war ich wütend auf Gott, aber dann wurde mir klar, daß das Unglück aufgrund von menschlicher Habgier und Inkompetenz passiert war.«[5]

Aber auch persönliches Leid wird oft genug durch die Sünde anderer Menschen verursacht: Mord, Ehebruch, Diebstahl, sexuellen Mißbrauch, lieblose Eltern, rücksichtsloses Fahrverhalten, Trunkenheit am Steuer, Verleumdung, Herzlosigkeit oder Egoismus in irgendeiner Form. Schätzungen zufolge lassen sich bis zu 95% des Leides auf dieser Welt auf diese Dinge zurückführen.

Damit bleibt nur noch ein verhältnismäßig geringer Anteil übrig, der sich leicht aus der Tatsache erklären läßt, daß wir in einer gefallenen Welt leben – einer Welt, in der die gesamte Schöpfung mit an der Sünde unserer ersten Eltern zu leiden hat. Weil Adam und Eva gesündigt hatten, kamen »Dornen und Disteln« in diese Welt (siehe 1. Mose 3,18). Von diesem Zeitpunkt an ist »die Schöpfung der Vergänglichkeit (oder Ohnmacht) unterworfen worden« (Römer 8,20). »Naturkatastrophen« sind eine Folge dieser in Unordnung geratenen Schöpfung.

Mit der Freiheit des Menschen läßt sich nicht in jedem Fall die Frage beantworten, warum ein einzelner Mensch oder ein Volk so viel leiden muß, aber es ist eine Hilfe, wenn man erklären will, woher überhaupt Leid kommt. Alles Leid ist eine Folge der Sünde, entweder eine direkte Folge meiner persönlichen Sünde oder die Folge der Sünde anderer Menschen oder aber die Folge davon, daß wir in einer gefallenen Welt leben.

Gott wirkt durch Leiden

Leid stellt in sich selbst nie etwas »Gutes« dar, aber Gott kann es trotzdem auf verschiedene Art und Weise zum Guten gebrauchen.

Erstens benutzt Gott Leid dazu, uns zu Christus zu ziehen.

> Gott flüstert uns zu, wenn es uns gut geht, Er spricht in unser Gewissen hinein, aber Er ruft laut in unseren Schmerzen; sie sind Sein Megaphon, um eine taube Welt aufzuwekken ... Ohne Zweifel ist der Schmerz als Megaphon Gottes ein furchtbares Instrument; es mag sehr wohl zu einer endgültigen Ablehnung ohne Reue führen. Aber er ist oft die einzige Möglichkeit für einen bösen Menschen, sich zu bessern. Er zerreißt den Schleier; er pflanzt das Banner der Wahrheit mitten in der Festung einer rebellischen Seele auf.[6]

Das hat sich in der Erfahrung von Christen immer und immer wieder als wahr erwiesen. Wie oft begegnen wir Menschen, die erst anfingen, nach Gott zu fragen, wenn sie einen lieben Menschen verloren, den Zerbruch einer Beziehung erlebt oder sonst etwas Schmerzliches durchgemacht hatten.

Zweitens benutzt Gott Leid, um uns als Christen zur Reife zu bringen. Selbst Jesus »lernte, obwohl er Sohn war, an dem, was er litt, den Gehorsam« (Hebräer 5,8). Gott benutzt das Leid dazu, unseren Charakter zu formen. Ein Bild, das im Neuen Testament in diesem Zusammenhang gebraucht wird, ist die Kindererziehung. Der Hebräerbriefschreiber sagt: »Denn sie (d. h. unsere Väter) züchtigten uns freilich für wenige Tage nach ihrem Gutdünken, er (d. i. Gott) aber zum Nutzen, damit wir seiner Heiligkeit teilhaftig werden« (Hebräer 12,10). Weiter heißt es: »Alle Züchtigung scheint uns zwar für die Gegenwart nicht Freude, sondern Traurigkeit zu sein; nachher aber gibt sie denen, die durch sie geübt sind, die friedsame Frucht der Gerechtigkeit« (Hebräer 12,11)

Petrus seinerseits gebraucht ein ganz anderes Bild, nämlich das eines Goldschmieds, der Silber und Gold läutert. Er schreibt, daß seine Leser »jetzt eine kleine Zeit, wenn es nötig ist, in mancherlei Versuchungen betrübt worden« sind (1. Petrus 1,6), und erklärt ihnen dann, warum Gott dies zuläßt: »... damit die Bewährung eures Glaubens viel kostbarer erfunden wird als die des vergänglichen Goldes, das aber durch Feuer erprobt wird, zu Lob und Herrlichkeit und Ehre bei der Offenbarung Jesu Christi« (1. Petrus 1,7).

Auch benutzt Gott Leid dazu, unser Leben fruchtbarer zu machen. Jesus spricht in einem Bild über ein ähnliches Thema und sagt, daß so, wie ein Weingärtner die Rebe beschneidet, auch Gott jede Rebe an ihm, die Frucht bringt, beschneidet, »damit sie noch mehr Frucht bringt« (Johannes 15,2).

Auch das hat sich wieder und wieder im Leben von Christen bewahrheitet. Smith Wigglesworth, der einen außergewöhnlichen Heilungsdienst hatte, sagte einmal: »Großer Glaube ist das Ergebnis großer Kämpfe. Gewaltige Zeugnisse sind die Folge großer Prüfungen. Großartige Siege gibt es nur nach schweren Anfechtungen.«

David Watson schrieb kurz vor seinem Tod folgendes:

> Es besteht kein Zweifel, daß Millionen von Christen über die Jahrhunderte durch Leiden Christus ähnlicher geworden sind. Ich kenne viele, die eine beinahe himmlische Schönheit verbreiten, geläutert durch Leiden. Tatsache ist, daß diejenigen, die die Liebe Gottes am meisten erfahren, oft auch am meisten leiden müssen. Wenn Lavendel zerstoßen wird, entfaltet er erst seinen vollen Duft. Wenn man eine Orange auspreßt, erhält man erst den süßen Saft. Auch in unserem Leben kommen oft erst durch Schmerz und Leid der Duft und die Süßigkeit Jesu so richtig zur Entfaltung. Ein agnostischer Philosophieprofessor an der Princeton-Universität wurde Christ, als er das Leben einiger großer Gottesmänner und -frauen der Kirchengeschichte gründlich studierte. Was ihn dabei ganz besonders beeindruckte, war, daß sie mitten im Leid so strahlen konnten. Oft gingen sie durch

> außerordentliches Leid, mehr als die meisten anderen Menschen, aber selbst im größten Schmerz leuchtete ihre Seele in einem herrlichen Glanz, der nicht auszulöschen war. Der Philosoph kam mehr und mehr zu der Überzeugung, daß diese Menschen eine innere Kraft besitzen mußten, die sie stark machte, und diese Entdeckung führte ihn schließlich zu Christus.[7]

Der Rechtsanwalt Christopher Compston, jetzt Anwalt eines Gerichtsbezirks, schrieb:

> Vor über 23 Jahren starb mein ältester Sohn Harry nach nur 36 Stunden. Damals kam mir sein Tod so überaus unfair vor, und in gewissem Sinne war er das ja auch. Doch wenn ich heute zurückschaue, bin ich ziemlich sicher, daß sein Tod mit zu dem Besten gehört, was mir je widerfahren ist, denn dadurch wurde ein Prozeß in Gang gesetzt, der zum inneren Zerbruch führte, so daß ich durch Gottes Gnade anfing zu verstehen, wie andere Menschen fühlen und wieviel sie leiden.[8]

Wir mögen versucht sein, zu Gott zu sagen: »Ich fühle mich so, wie ich bin, eigentlich recht wohl. Bitte, laß mich in Ruhe!« Aber das würde, wie C. S. Lewis betont, bedeuten, daß wir Gott bitten, uns weniger zu lieben.

> Über eine kleine Zeichnung, die ein Künstler flüchtig aufs Papier wirft, um einem Kind eine Freude zu bereiten, mag er sich vielleicht keine großen Gedanken machen. Er gibt sich damit zufrieden, auch wenn sie vielleicht nicht ganz seinen Vorstellungen entspricht. Aber mit dem großen Gemälde, seinem Lebenswerk – das er, wenn auch auf anderer Ebene, genau so innig liebt wie ein Mann seine Frau oder eine Mutter ihr Kind –, wird er sich endlos Mühe geben und würde, wenn dieses Bild fühlen könnte, ihm auch endlos Mühe bereiten. Ich kann mir vorstellen, wie ein solches empfindungsfähiges Gemälde, nachdem es zum zehnten Mal abgewischt und abgekratzt und von neuem begonnen wurde, sich sehnlichst wünscht, nur eine rasch hingeworfe-

> ne Skizze zu sein, die in ein paar Minuten fertig ist. So ist es nur natürlich, wenn auch wir uns wünschten, daß Gott uns zu einem weniger glorreichen, dafür aber auch weniger mühsamen Schicksal bestimmt hätte. Damit würden wir uns jedoch wünschen, nicht mehr, sondern weniger von Ihm geliebt zu werden.[9]

Drittens benutzt Gott Leid oft dazu, seine guten Pläne zur Ausführung zu bringen. Paulus schreibt in Römer 8,28: »Denen, die Gott lieben, wirken alle Dinge zum Guten mit, denen, die nach seinem Vorsatz berufen sind.«

Ein Beispiel dafür wird uns im Leben Josephs gezeigt (1. Mose 37-50). Er hatte unter der Ablehnung seiner engsten Familienangehörigen zu leiden, wurde von seinen Lieben getrennt und nach Ägypten verschleppt. Zwanzig Jahre lang durfte er seinen Vater nicht sehen. In Ägypten kam er zu Unrecht ins Gefängnis – bestraft für ein Verbrechen, das er gar nicht begangen hatte. Dreizehn Jahre lang erduldete er die größten Schwierigkeiten, Versuchungen und Prüfungen. Dann, mit 30 Jahren, wurde er zum Herrscher über Ägypten erhoben und in eine Position versetzt, in der er nicht nur das Leben seiner Familie, sondern des ganzen Gottesvolkes retten konnte. Am Ende seines Lebens konnte er im Hinblick auf alles Schwere, das er durchgemacht hatte, zu seinen Brüdern sagen: »Ihr zwar, ihr hattet Böses gegen mich beabsichtigt; Gott aber hatte beabsichtigt, es zum Guten zu wenden, damit er tue, wie es an diesem Tag ist, ein großes Volk am Leben zu erhalten« (1. Mose 50,20).

Natürlich sieht man nicht immer sofort, was Gott vorhat. Auch Joseph hat das in früheren Jahren bestimmt nicht so klar gesehen. Oft begreifen wir überhaupt nicht, was gerade abläuft und warum wir so viel Schweres durchmachen müssen.

Handley Moule fiel zu seiner Zeit als Bischof von Durham die schwierige Aufgabe zu, die Angehörigen von 170 Bergleuten, die bei einem Minenunglück ums Leben gekommen waren, zu besuchen und zu trösten. Während er sich noch Gedanken darüber machte, was er ihnen sagen könnte, fiel ihm ein kleines Lesezeichen in die Hände, das seine Mutter ihm einmal geschenkt hatte. Als er es in die Höhe hielt, entdeckte er auf der Rückseite des gehäkelten Lesezeichens ein verschlungenes Knäuel. Weder ein Vers stand dabei noch eine Begründung, noch war ein bestimmtes Muster zu erkennen. Auf der Vorderseite hieß es ganz einfach: »Gott ist Liebe.« Die Welt mag uns manches Mal vorkommen wie ein verschlungenes Knäuel, dennoch steht hinter allem die Liebe Gottes.

Wir haben gesehen, wieviel logischer uns manches, was uns an Leid widerfährt, erscheint, wenn wir erkennen, daß es von Gott dazu benutzt wird, uns näher zu Christus zu ziehen, uns in der Heiligkeit voranzubringen und seine guten Absichten in unserem Leben zu verwirklichen. Und doch gibt es immer noch manches Schwere, das wir nicht verstehen und das auch mit keinem der obengenannten Dinge zu begründen ist.

Gott entschädigt uns reichlich für unser Leid

Wir sehen in der Geschichte Josephs, wie Gott ihn mitten im Leid segnete. Sogar als er ein Sklave in Potiphars Haus war, heißt es: »Der Herr aber war mit Joseph, und er war ein Mann, dem alles gelang … der Herr (ließ) alles, was er tat, in seiner Hand gelingen« (1. Mose 39,2-3). Auch im Gefängnis war der Herr mit ihm (1. Mose 39,21) und gab ihm Gunst in den Augen des Obersten des Gefängnisses, so daß dieser ihm die gesamte Gefängnisleitung übertrug, »weil der Herr mit ihm war; und was er tat, ließ der Herr gelingen« (1. Mose 39,23). Gott gab ihm solche außergewöhnlichen, übernatürlichen Gaben, daß selbst der Pharao erkannte: Hier habe ich es ganz offensichtlich mit einem Mann zu tun, in dem der Geist Gottes ist (1. Mose 41,38). Deshalb setzte er ihn über das ganze Land Ägypten ein (Vers 41). In dieser Position hatte Joseph die Freude, seine gesamte Familie wiedervereinigt und vor dem Hungertod bewahrt zu sehen.

Hiob war ein Mann, der durch katastrophales Leiden ging. Er verlor all seinen Reichtum, dann alle seine Kinder und wurde schließlich mit einer entsetzlichen Krankheit geschlagen. Am Schluß des Buches Hiob lesen wir jedoch, wie der Herr den letzten Abschnitt seines Lebens mehr segnete als den ersten. Er schenkte ihm nicht nur großen Reichtum, sondern auch sieben Söhne und drei wunderschöne Töchter. Hiob wurde sehr alt und sah Kinder, Enkel und Urenkel.

So wie bei Joseph und bei Hiob überwiegen auch heute in vielen Fällen die Segnungen Gottes in und durch das Leid schon in diesem Leben bei weitem das Leiden selbst. Dennoch läßt das Neue Testament keinen Zweifel darüber aufkommen, daß das absolut nicht immer der Fall ist. Dafür wird aber jedem gläubigen Christen etwas noch weitaus Größeres verheißen: die Hoffnung des Himmels. Paulus schreibt an die Römer: »Denn ich denke, daß die Leiden der jetzigen Zeit nicht ins Gewicht fallen gegenüber (oder: nicht wert sind, verglichen zu werden mit) der zukünftigen Herrlichkeit, die an uns geoffenbart werden soll« (Römer 8,18). Und im Korintherbrief heißt es: »Denn das schnell vorübergehende Leichte der Drangsal bewirkt uns ein über die Maßen überreiches, ewiges Gewicht von Herrlichkeit« (2. Korinther 4,17).

Gavin Reid, der Bischof von Maidstone, berichtet von einem jungen Mann aus seiner Gemeinde, der als einjähriges Kind die Treppe hinuntergefallen war und dabei seinen Rücken so schwer verletzt hatte, daß er seitdem die meiste Zeit im Krankenhaus verbringen mußte. Im Gespräch mit ihm äußerte der Junge, Gott sei »fair«.

»Wie alt bist du?« erkundigte sich Gavin.

»Siebzehn«, lautete die Antwort.

»Wie viele Jahre hast du im Krankenhaus zugebracht?«

»Dreizehn Jahre«, erwiderte der Junge.

»Und du meinst, das sei fair?«

»Ganz bestimmt«, antwortete der Gefragte. »Gott hat schließlich eine ganze Ewigkeit, um mich dafür zu entschädigen.«

In der Tat: Gott hat eine ganze Ewigkeit, um uns für Dinge zu entschädigen. Das Neue Testament ist voll von Verheißungen über den Himmel und wie wunderbar es dort sein wird. Die Schöpfung wird wiederhergestellt sein. Jesus wird wiederkommen, um einen neuen Himmel und eine neue Erde aufzurichten (Offenbarung 21,1). Es wird keine Tränen mehr geben, weder Schmerz noch Leid wird mehr sein. Unsere schwachen, hinfälligen, sterblichen Leiber werden verwandelt werden in einen Herrlichkeitsleib, wie Jesus ihn bei seiner Auferstehung bekam. Wir werden mit allen, die »in Christus« gestorben sind, vereint sein und gemeinsam die Ewigkeit in der Gegenwart des Herrn zubringen. Martin Luther hat einmal gesagt: »Ich würde nicht einen Augenblick des Himmels gegen alle Freuden und Reichtümer dieser Welt eintauschen – auch wenn sie Tausende und aber Tausende von Jahren andauerten.«

Wir leben in einer materialistisch eingestellten Welt, der die Perspektive der Ewigkeit fast völlig verlorengegangen ist. Wir müssen eine Langzeit-Sichtweise annehmen und das Leid, das uns in diesem Leben widerfährt, im Zusammenhang mit der Ewigkeit sehen. Das ist absolut kein billiger Trost. Der Theologe Alister McGrath schreibt in seinem Buch über das Leid: »Wenn die Hoffnung der Christen auf den Himmel nur eine Illusion ist, die auf Lügen basiert, dann muß sie als irreführend und falsch fahren gelassen werden. Ist sie aber wahr, müssen wir sie mit beiden Händen festhalten und ihr gestatten, unser gesamtes Verständnis über den Stellenwert des Leidens im Leben eines Menschen über den Haufen zu werfen.«[10]

Gott nimmt teil an unserem Leid

Wir müssen bereit sein anzuerkennen, daß es keine einfache und auch keine endgültige Antwort auf das »Warum« des Leides gibt. Aber wir können das Problem von einem anderen Blickwinkel aus betrachten: Gott ist ein Gott, der mit uns leidet.

Diese vierte Einsicht ist vielleicht die allerwichtigste. Ich hörte einmal John Stott sagen: »Ich persönlich könnte nie an Gott glauben, wenn es das Kreuz nicht gäbe.« Gott ist nicht immun gegen das Leid. Er ist nicht unbeteiligt, schaut auch nicht teilnahmslos zu, wie die Menschen leiden. Das sehen wir durch die ganze Bibel hindurch, und wir sehen es besonders deutlich am Kreuz. Um es mit Tertullian auszudrücken, er ist »der gekreuzigte Gott«. Gott war »in Christus und hat die Welt mit sich selbst versöhnt« (2. Korinther 5,19). Er wurde einer von uns. Er litt in allen Stücken genauso wie wir. Er weiß nicht nur über Leid Bescheid – er hat selber gelitten. Er weiß, wie wir fühlen, wenn wir leiden.

Im Jahr 1967 hatte ein hübsches junges Mädchen namens Joni Eareckson einen schlimmen Tauchunfall an der Chesapeake-Bucht, durch den sie querschnittgelähmt wurde. Nach anfänglicher Bitterkeit, Zorn, Rebellion und Verzweiflung kam sie schließlich an den Punkt, wo sie der Souveränität Gottes vertrauen lernte. Sie baute sich ein neues Leben auf, indem sie anfing, mit dem Mund zu malen und öffentliche Vorträge zu halten. Drei Jahre nach ihrem Unfall wurde ihr eines Abends plötzlich klar, daß Jesus völlig mit ihr mitfühlen konnte. Nie zuvor hatte sie darüber nachgedacht, daß er, als er am Kreuz hing, ähnliche Schmerzen erduldet hatte wie sie, daß er sich genauso wenig bewegen konnte, sondern ebenfalls gelähmt war.[11]

In dem kurzen Schauspiel *The Long Silence* (»Das lange Schweigen«) kommt dieser Punkt deutlich zum Ausdruck:

> Am Ende der Zeit waren Milliarden von Menschen auf einer großen Ebene vor Gottes Thron versammelt.
>
> Die meisten fürchteten sich vor dem gleißenden Licht da vor ihnen. Aber in einigen Gruppen weiter vorne wurden hitzige Debatten geführt; sie klangen weder unterwürfig noch schambewußt, sondern eher militant.
>
> »Kann Gott uns überhaupt richten? Was weiß er denn schon vom Leiden?« meinte eine junge Brünette schnippisch. Sie riß den Ärmel ihrer Bluse hoch, woraufhin eine eintätowierte Nummer aus einem Nazi-Konzentrationslager sichtbar wurde. »Was haben wir nicht alles erduldet: Furcht … Schläge … Folter … Tod!«

Ein junger Mann in einer anderen Gruppe klappte seinen Kragen herunter. »Und was ist hiermit?« rief er herausfordernd, wobei er auf ein häßliches Strangulierungsmal hinwies. »Gelyncht ... nicht weil ich etwas verbrochen hatte, sondern einfach, weil ich schwarz war!«

In einer anderen Gruppe blickte ein schwangeres Schulmädchen verdrossen vor sich hin. »Wieso soll ich leiden?« murmelte sie. »Es war schließlich nicht meine Schuld!«

So weit das Auge reichte, waren Hunderte solcher Gruppen auf der ganzen Ebene zu sehen. Jede von ihnen klagte Gott an für all das Böse und das unsägliche Leid, das er auf der Welt zugelassen habe. Er selbst hatte ja das Glück, im Himmel zu wohnen, inmitten von Schönheit und Licht, wo es weder Tränen noch Furcht gab, weder Hunger noch Haß! Was wußte Gott schon von allem, was die Menschen auf dieser Erde erdulden mußten! Er lebte ja sicher und geborgen im Himmel!

Jede Gruppe schickte nun einen Anführer vor, und zwar den aus ihrer Mitte, der am meisten gelitten hatte. Da waren ein Jude, ein junger Schwarzer, ein Atomopfer aus Hiroshima, ein durch Arthritis aufs furchtbarste Verkrüppelter, ein Contergan-Kind. Mitten auf der Ebene trafen sie sich und berieten, was zu tun sei. Schließlich waren sie soweit, daß sie ihre Forderung vortragen konnten. Sie klang ausgesprochen clever.

Ehe Gott das Recht zugestanden würde, sich als ihr Richter aufzuspielen, so hieß es, solle er zunächst durchmachen, was sie durchgemacht hätten. Er solle dazu verurteilt werden, auf der Erde zu leben – und zwar als Mensch.

»Er soll als Jude geboren werden. Die Legitimität seiner Geburt soll angezweifelt werden. Sein Lebenswerk soll so schwierig sein, daß sogar seine eigene Familie ihn für verrückt erklärt, wenn er es auszuführen versucht. Er soll von seinen engsten Freunden verraten werden. Es sollen falsche Beschuldigungen gegen ihn vorgebracht werden, er soll von voreingenommenen Geschworenen vernommen und von einem feigen Richter für schuldig erklärt werden. Auch Folter soll ihm nicht erspart bleiben.

Zu guter Letzt soll er sehen, wie furchtbar es ist, völlig allein und verlassen zu sein. Und dann soll er sterben. Und zwar so, daß es keinerlei Zweifel an seinem Tod geben kann. Es soll eine große Menge von Zeugen geben, die seinen Tod bestätigen.«

Jedesmal, wenn ein Anführer seinen Teil des Richterspruchs verkündete, war zustimmendes Gemurmel aus der Menge zu hören.

Doch als der letzte gesprochen hatte, senkte sich plötzlich ein langes Schweigen hernieder. Keiner sprach mehr ein Wort. Niemand wagte sich zu rühren. Denn allen war plötzlich klargeworden, daß Gott seine Strafe längst verbüßt hatte.[12]

Das Wissen um Jesu Leiden nimmt, wie Jürgen Moltmann gesagt hat, »das Leiden aus dem Leid«. Wir sind mit unserem Schmerz nicht allein. Wenn wir leiden, leidet Gott mit uns.

Wie reagieren wir auf Leid?

Wenn wir leiden, werden wir nicht immer wissen, warum das so ist. Gott hat Hiob auch nicht gesagt, warum er leiden mußte, aber er ließ ihn wissen, daß es nicht grundlos geschah. Er machte Hiob klar, daß er eigentlich sehr wenig über das Universum wußte, und forderte ihn auf, Gott zu vertrauen. Das Buch Hiob beschäftigt sich weniger damit, warum Gott Leid zuläßt; es zeigt uns vielmehr, wie wir auf Leid reagieren sollen.

Folgende Fragen sollten wir uns stellen:

Erstens: »Ist das Leid, das ich trage, eine Folge meiner persönlichen Sünde?« Wenn das so ist, können wir Gott bitten, uns die spezielle Sünde zu zeigen. Gott wird uns nicht mit irgendwelchen vagen Schuldgefühlen sitzenlassen. Solche Art Verdammnis kommt höchstens vom Teufel, aber nie von Gott. Wenn er uns eine spezielle Sünde zeigt, sollten wir Buße darüber tun und ihn um Vergebung und Reinigung bitten.

Zweitens: »Was willst du mir durch diese Sache sagen?« Vielleicht möchte Gott uns eine besondere Lektion lehren.

Drittens sollten wir fragen: »Was willst du, das ich tun soll?«

Außerdem müssen wir unbedingt an unserer Hoffnung festhalten. Dieses Leben ist nun mal ein ständiges Wechselspiel aus Kampf und Segen. In Zeiten des Kampfes sollten wir daran denken, daß sie nicht ewig andauern, sondern um die nächste Ecke vielleicht bereits Segen auf uns wartet. Und wenn nicht, dürfen wir auf jeden Fall wissen, daß wir eines Tages beim Herrn sein werden. Bis dahin wollen wir unsere Augen auf ihn gerichtet halten (Hebräer 12,2), in der Gewißheit, daß er absolut in der Lage ist, Mitgefühl mit uns zu haben, weil er mehr gelitten hat, als wir je leiden werden.

Wenn wir einen anderen Menschen leiden sehen, sind wir aufgerufen, Mitleid mit ihm zu haben. Versuche, das Leid rational zu erklären, können sich bei einem Menschen, der Schweres durchmacht, als kontraproduktiv erweisen. Selbst wenn das Leiden die Folge persönlicher Sünde sein sollte, sind wir nicht berechtigt, Steine zu werfen. Wir sind alle Sünder und müssen deshalb aufpassen, einen anderen nicht zu richten. Nicht jedes Leid steht, wie wir gesehen haben, in direktem Zusammenhang mit jemandes Sünde. Gewöhnlich ist das Beste, was wir in einem solchen Fall tun können, den Betreffenden in den Arm zu nehmen und »mit den Weinenden zu weinen« (Römer 12,15).

Es ist durchaus richtig, dem Leid zu widerstehen, weil es sich dabei, wie wir gesehen haben, um ein feindliches Eindringen in die Welt Gottes handelt. Jesus bekämpfte das Leid, mit dem er konfrontiert wurde, auf alle erdenkliche Weise. Er gab den Hungrigen zu essen, heilte die Kranken und weckte die Toten auf. Für ihn bestand sein Dienst darin, Armen gute Botschaft zu verkündigen, Gefangenen Befreiung auszurufen und Blinden, daß sie wieder sehen sollten, Zerschlagene in Freiheit hinzusenden

(Lukas 4,18). Und wir sind berufen, in seinen Fußstapfen nachzufolgen.

Zusammenfassend möchte ich sagen, daß wir letztendlich immer zum Kreuz Christi zurückkommen müssen. Erst hier verstehen wir wirklich, warum ein Gott der Liebe überhaupt Leid zuläßt. Zum ersten sehen wir, wohin die Freiheit des Menschen geführt hat: Es war die Sünde, die Jesus ans Kreuz brachte. Hier sehen wir die menschliche Bosheit auf ihrem Höhepunkt. Wir sehen Gott mit den Folgen des Mißbrauchs menschlicher Freiheit kämpfen, indem er selber den Preis für diese Sünde bezahlt.

Zweitens sehen wir, wie Gott durch das Leiden handelt. Diejenigen, die Jesus ans Kreuz nagelten, wollten ihm Böses zufügen; aber Gott hatte vor, es zum Guten zu benutzen, nämlich zur Errettung vieler Menschen.

Drittens sehen wir, daß Gott Leiden mehr als wiedergutmacht. Jesus, »der um der vor ihm liegenden Freude willen … das Kreuz erduldete« (Hebräer 12,2), sah seine Auferstehung voraus und in der Folge auch unsere Auferstehung.

Viertens, und das ist wohl das Wichtigste: Wir sehen, daß Gott dem Leiden nicht unbeteiligt gegenübersteht, sondern daß er für und mit uns leidet.

ZUR WEITEREN LEKTÜRE EMPFOHLEN:

C. S. Lewis, *The Problem of Pain* (Fount)
John Stott, *The Cross of Christ* (IVP), insbesondere Kapitel 13
David Watson, *Fear No Evil* (Hodder & Stoughton, 1984)

ANMERKUNGEN:

1. John Stott, *The Cross of Christ* (IVP), S. 311
2. C. S. Lewis, *The Problem of Pain* (Fount), S. 14
3. *Ibd.*, S. 59
4. David Watson, *Fear No Evil* (Hodder & Stoughton, 1984), S. 114-115
5. *The Times* (19. Oktober 1991)

6. C. S. Lewis, *a.a.O.*, S. 81,83
7. David Watson, *a.a.O.*, S. 119-120
8. Christopher Compston, *Recovering from Divorce* (Hodder & Stoughton, 1993), S. 142
9. C. S. Lewis, *a.a.O.*, S. 30-31
10. Alister McGrath, *Suffering* (Hodder & Stoughton), S. 100-101
11. Joni Eareckson und Joe Musser, *Joni* (Pickering & Inglis, 1976), S. 96
12. John Stott, *The Cross of Christ* (IVP), S. 336-337

2
WAS IST MIT DEN ANDEREN RELIGIONEN?

Manchmal entsteht der Eindruck, das Christentum sei in Großbritannien im Aussterben begriffen. Man sagt, wir lebten in einer pluralistischen Gesellschaft, in der die anderen Religionen langsam, aber sicher die Oberhand gewönnen. Tatsächlich ist dieser Eindruck eines Viel-Religionen-Landes Großbritannien aber irreführend. Lediglich 2,5% der Bevölkerung sind Anhänger anderer Religionen. Etwa 10% besuchen christliche Kirchen, und 80% würden aller Wahrscheinlichkeit nach eine christliche Kirche besuchen, wenn sie überhaupt irgendwo hingingen.

Weltweit gesehen, ist das Christentum die weitaus größte »Religionsgemeinschaft«. Laut der *Encyclopedia Britannica* zählt es 1,7 Milliarden Anhänger, was einem Anteil von 32,9% der Weltbevölkerung entspricht. Daneben gibt es 880 Millionen Moslems, 663 Millionen Hindus und 311 Millionen Buddhisten, außer den vielen anderen kleineren Gruppierungen wie Juden, Sikhs, Bahai und diversen Stammesreligionen. Die Atheisten bringen es lediglich auf 4,5% der Weltbevölkerung.

Doch obwohl das Christentum zahlenmäßig dominiert, müssen wir uns trotzdem die Frage stellen, was wir Christen über die anderen Religionen sagen. Die modernen Kommunikationsmittel haben uns diese ja mehr und mehr zu Bewußtsein gebracht. In Fernseh- und Radiosendungen begegnen wir den unterschiedlichsten Religionsgemeinschaften; aber nicht nur dort, sondern auch bei persönlichen Kontakten in Schule und Nachbarschaft, am Arbeitsplatz und im gesellschaftlichen Leben. Wie sollen wir uns zu diesen anderen Religionen stellen?

Ist Jesus der einzige Weg zu Gott?

Die Antwort des Neuen Testaments auf diese Frage ist ein unmißverständliches »Ja«.

Jesus hat selbst gesagt: »Ich bin der Weg und die Wahrheit und das Leben. Niemand kommt zum Vater als nur durch mich« (Johannes 14,6). Er behauptete, DER Weg zu Gott zu sein – der einzige Weg. Der Kolumnist Bernard Levin stellt fest, daß Jesus eine eindeutige Sprache spreche:

> Ich bin der Meinung, daß eine Religion, die den Anspruch erhebt, der einzigen Wahrheit zu folgen, glauben muß – auch wenn sie sich dadurch von allen anderen absondert –, daß die anderen Religionen sich trotz ihrer Heiligkeit und Gottesverehrung dennoch im Irrtum befinden. Ich bin der Letzte, der sich mit den Experten über die heiligen Schriften streitet, aber in diesen ökumenischen Tagen ist es gewiß angemessen, der Christenheit die Frage zu stellen, was ihr Gründer eigentlich gemeint hat, als er sagte: »Niemand kommt zum Vater als nur durch mich.« Ich bringe dies nicht vor, um Ärgernis zu erregen, aber manch ein eifriger Christ fühlt sich dadurch beunruhigt, und manch ein Bischof, der sein Herz anderen Religionen gegenüber öffnet, mag in arge Bedrängnis geraten, wenn er um eine Erklärung gebeten wird. Ich bezweifle, daß man überhaupt von jemandem eine überzeugende Antwort erhält – ob Bischof oder nicht.[1]

Als Petrus und Johannes den verkrüppelten Mann vor der Tür des Tempels geheilt hatten, liefen die Menschen in Scharen zusammen. Petrus verkündigte ihnen Jesus als den »Urheber des Lebens«, den sie gekreuzigt hätten, der aber nun auferweckt und verherrlicht sei. Sie wurden verhaftet und vor den Hohen Rat geführt, wo man sie fragte, »in welcher Kraft« sie den Krüppel geheilt hätten. Petrus, »erfüllt mit dem Heiligen Geist«, erwiderte, daß das »im Namen Jesu Christi von Nazareth« geschehen sei, und fuhr fort: »Und es ist in keinem anderen das Heil; denn auch kein anderer Name unter dem Himmel ist den Menschen gegeben, in dem wir errettet werden müssen« (Apostelgeschichte 4,12).

Petrus, inspiriert vom Heiligen Geist, spricht hier eindeutige Worte. Jesus ist der einzige Name, der retten kann. Diese Antwort stimmt mit dem gesamten übrigen Neuen Testament überein. Paulus macht es genauso klar: »Denn *einer* ist Gott, und *einer* ist Mittler zwischen Gott und Menschen, der Mensch Christus Jesus« (1. Timotheus 2,5). Und der Schreiber des Hebräerbriefes sagt warnend, daß Jesus Christus der einzige Ausweg ist: »Wie werden wir entfliehen, wenn wir eine so große Errettung mißachten?« (Hebräer 2,3).

Was macht Jesus denn so einzigartig? Erstens ist er einzigartig in seinen Eigenschaften. Petrus proklamierte ihn als den »Heiligen und Gerechten« (Apostelgeschichte 3,14) und als den »Urheber des Lebens« (Vers 15). Er ist es, den die Propheten vorhergesagt haben (Vers 18). Er ist der »Christus« (Vers 20). Er ist der, den die ersten Christen als Gott anbeteten.

Das unterscheidet ihn deutlich von den Führern der anderen großen Weltreligionen. Die Moslems lassen sich nicht gerne Mohammedaner nennen, weil sie Mohammed nicht als Gott verehren. »Niemandem in der islamischen Welt würde es im Traum einfallen, ihm göttliche Ehren zu erweisen – er selbst wäre der erste gewesen, der ein derartiges Ansinnen als gotteslästerlich zurückgewiesen hätte.«[2] Es ist nicht klar, ob Buddha überhaupt an die Existenz Gottes geglaubt hat. »Der frühe bzw. klassische Buddhismus hatte keinen Gott.«[3]

Zweitens ist Jesus einzigartig in seinem Werk. Wie Petrus es ausgedrückt hat: »Und es ist in keinem anderen das Heil; denn auch kein anderer Name unter dem Himmel ist den Menschen gegeben, in dem wir errettet werden müssen« (Apostelgeschichte 4,12). Wir brauchen alle einen Erretter, denn wir haben alle gesündigt und können uns nicht selber von den Folgen der Sünde erretten. Keine andere große Religion erhebt auch nur den Anspruch, einen Retter zu haben. »Der englische Buddhist Maurice Walsh hat darauf hingewiesen, daß die buddhistische Auffassung über Buddha sich total von der Auffassung der Christen über Christus unterscheidet. Er betont nachdrücklich, daß Buddha als großer Lehrer betrachtet wird – nicht als Erlöser.«[4] Ähnliches trifft auf Mohammed zu. Er gilt als ein Prophet – aber nicht als ein Retter. Im Islam sieht sich der Sünder dem Urteil Gottes gegenüber, ohne auf Vergebung hoffen zu können.

Im Gegensatz dazu sehen wir Jesus als den, der uns das Heil bringt. Er errettet uns von unserer Schuld, von der verderblichen Macht der Sünde und von dem Gericht, das wir alle verdient haben.

Drittens ist Jesus einzigartig in seiner Auferstehung. Petrus beschreibt ihn als den, »den Gott auferweckt hat aus den Toten« (Apostelgeschichte 4,10). Die Auferstehung ist ein einzigartiges Ereignis in der Weltgeschichte.

> Der Pali-Kanon des Buddhismus verzeichnet den großartigen Eingang ... Buddhas ins Nirwana ... aber es gibt keinerlei Hinweis darauf, daß Buddha nach seinem Tod weiter bei seinen Nachfolgern ist; das *Dharma*, die ewige Lehre, nimmt künftig seinen Platz ein und ist ihnen Richtschnur ... das genaue Sterbedatum des Propheten Mohammed ist bekannt. Niemand hat je vermutet, daß er das Ereignis seines physischen Todes überlebt habe.[5]

Im Gegensatz dazu ist die Auferstehung Jesu das Herzstück des christlichen Glaubens. Jesus Christus lebt heute! Wir können ihn kennen. Buddha oder Mohammed können wir nicht kennen. Jesus, der einzige Sohn Gottes, der einzigartige Retter, der als einziger von den Toten auferstand – er ist der einzige Weg zu Gott! Wenn Jesus der einzige Weg zu Gott ist, wirft dies unmittelbar zwei weitere Fragen auf: 1. »Was sagen wir zu den anderen

Religionen?«, 2. »Was ist mit denen, die nie etwas von Jesus gehört haben?«

Was sagen wir zu den anderen Religionen?
Die Tatsache, daß Jesus der einzige Weg zu Gott ist, bedeutet nicht, daß wir nun einfach alle anderen Religionen als irregeleitet oder dämonisch abschreiben. Jesus hat gesagt: »Ich bin *die* Wahrheit.« In ihm ist die endgültige Wahrheit; er ist der Maßstab, an dem alle Wahrheitsansprüche gemessen werden müssen. Das bedeutet nicht, daß sich nicht auch in anderen Religionen Teilwahrheiten wiederfinden. In der Tat gibt es mindestens drei Gründe für die Annahme, daß auch in anderen Religionen Wahrheit vorhanden ist.

Erstens: Obwohl die Offenbarung Gottes in Jesus, wie die Bibel bezeugt, einmalig und endgültig ist, hat Gott sich teilweise auch in der Schöpfung geoffenbart. »Die Himmel erzählen die Herrlichkeit Gottes, und das Himmelsgewölbe verkündet seiner Hände Werk« (Psalm 19,1). Die Krone der Schöpfung ist der Mensch. Sir Isaac Newton, der brillante Physiker und Mathematiker, hat einmal gesagt: »Auch wenn ich keinerlei andere Beweise hätte, würde allein der Daumen mich davon überzeugen, daß Gott existiert.«

Deshalb kann, wie der Psalmist sagt, nur ein Tor behaupten: »Es gibt keinen Gott« (Psalm 14,1; 53,2). »Denn sein (d. i. Gottes) unsichtbares Wesen, sowohl seine ewige Kraft als auch seine Göttlichkeit, wird von Erschaffung der Welt an in dem Gemachten wahrgenommen und geschaut, damit sie ohne Entschuldigung seien« (Römer 1,20). Aufgrund der Schöpfung ist es Männern und Frauen möglich, die Wahrheit über die Existenz Gottes zu erkennen und Einblick in sein Wesen, seine Kraft und Herrlichkeit, zu nehmen. Das Beweismaterial, das die Schöpfung bietet, ist allen Menschen zugänglich und kann sich folglich auch in anderen Religionen wiederfinden.

Zweitens: Der Mensch wurde im Bilde Gottes erschaffen. Jedem von uns hat Gott ein Gewissen gegeben, mit dem wir Gut und Böse unterscheiden können. Wie Paulus schreibt: »Denn wenn Nationen, die kein Gesetz haben, von Natur dem Gesetz entsprechend handeln, so ... beweisen (sie), daß das Werk (oder: die Forderungen) des Gesetzes in ihren Herzen geschrieben ist, indem ihr Gewissen mit Zeugnis gibt und ihre Gedanken sich untereinander anklagen oder auch entschuldigen« (Römer 2,14-15). So überrascht es auch nicht, daß die »Goldene Regel« (»Alles nun, was ihr wollt, daß euch die Menschen tun sollen, das tut ihr ihnen auch« – Matthäus 7,12) im Kern in fast allen Religionen seit Konfuzius (551-479 v. Chr.) enthalten ist.

Drittens: Im Herzen jedes Menschen gibt es ein Verlangen nach Gott. Gott hat »die Ewigkeit in ihr Herz gelegt« (Prediger 3,11). Im tiefsten Grunde wird kein Mensch durch den Materialismus zufriedengestellt. Wir wissen alle, daß es mehr geben muß. Ein von Gott geschaffenes Vakuum existiert in jedem Menschen, und dieser Hunger treibt uns, nach Gott zu suchen. Hier haben wir eine Erklärung dafür, warum es nur so wenige Atheisten auf der Welt gibt, dagegen aber so viele, die ernstlich auf der Suche nach Gott sind.

Es ist also verständlich, daß man an vielen Religionen durchaus auch Gutes findet. Natürlich werden wir als Christen durch gewisse Aspekte im Leben von Anhängern anderer Religionen herausgefordert, wie z. B. durch ihre Verbindlichkeit, ihre Treue und Hingabe an das, was sie glauben.

Es erklärt auch, warum es häufig eine gewisse »Kontinuität« bei Menschen aus anderen Religionen, die zu Christus finden, gibt. Bischof Lesslie Newbigin, der 40 Jahre lang Bischof in Südindien war, sprach von einem

> Element der Kontinuität, das sich im Erleben vieler zeigt, die sich aus anderen Religionen zum Christentum bekehren. Obwohl ihre Bekehrung einerseits einen radikalen Einschnitt und Bruch mit ihrem alten Leben bedeutet, kommt es ihnen später ganz stark zu Bewußtsein, daß es der leben-

dige, wahre Gott gewesen ist, der bereits in den Tagen ihres vor-christlichen Suchens an ihnen gewirkt hat.[6]

Trotzdem ist es absoluter Unsinn, zu behaupten, alle Religionen seien gleich wahr, oder sie würden alle zu Gott führen. Der Theologe Alister McGrath weist darauf hin, daß manche Weltreligionen eingestandenermaßen nontheistisch sind und daß »eine Religion schwerlich zu Gott führen kann, wenn sie die Existenz eines Gottes bzw. von Göttern ausdrücklich verneint«.[7] Genauso absurd ist es, anzunehmen, daß eine Religion, die dafür einsteht, daß es einen Gott gibt, und eine, die behauptet, es gebe keinen Gott, gleich wahr seien. Da es offensichtlich Widersprüche zwischen den Religionen gibt, muß irgendwer im Irrtum sein. In der Tat erwarten wir, und das zu Recht, Irrtümer in anderen Religionen zu finden.

Wir sind alle gefallene Menschen – Christen und Nichtchristen gleichermaßen –, und keiner von uns kann Gott von sich aus finden. Doch Gott hat sich selbst in der Person Jesu Christi, der »*die* Wahrheit« ist, geoffenbart. Nur in Jesus finden wir die unfehlbare Wahrheit. Das bedeutet nicht, daß Christen unfehlbar sind oder daß unsere Erkenntnis der Wahrheit unfehlbar ist, aber es bedeutet, daß die Offenbarung Gottes in Jesus Christus unfehlbar ist. *Er* ist der Maßstab, an dem alle Wahrheitsansprüche gemessen werden müssen.

Wenn wir die anderen Religionen mit der Offenbarung Gottes in Jesus Christus vergleichen, sehen wir, daß sowohl Wahrheit als Irrtum in ihnen enthalten sind. Alle anderen Religionen haben ihre »Schattenseiten«. Natürlich hat oft auch die Art und Weise, wie Menschen mit dem Christentum umgehen, ihre Schattenseite, nicht aber die Offenbarung Gottes in Jesus Christus.

Das ist absolut nicht arrogant, engstirnig oder illiberal, wie manche behaupten. C. S. Lewis hat geschrieben:

> Wenn Sie ein Christ sind, brauchen Sie nicht zu glauben, daß alle anderen Religionen durch und durch falsch sind. Wenn Sie Atheist sind, müssen Sie glauben, daß die Haupt-

sache in allen Religionen auf der ganzen Welt einfach ein riesengroßer Irrtum ist. Wenn Sie Christ sind, steht es Ihnen frei, anzunehmen, daß alle Religionen, so sonderbar sie auch sein mögen, zumindest ein Körnchen Wahrheit enthalten. Als ich noch Atheist war, mußte ich mir ständig einreden, daß die allermeisten Menschen sich seit eh und je in der Frage, die ihnen die wichtigste war, getäuscht hätten. Als ich Christ wurde, konnte ich einen weitherzigeren Standpunkt einnehmen. Trotzdem bedeutet die Tatsache, Christ zu sein, natürlich, zu glauben, daß da, wo das Christentum sich von anderen Religionen unterscheidet, das Christentum recht hat und die anderen unrecht. Es ist so wie beim Rechnen – es gibt nur ein richtiges Ergebnis, alle anderen sind verkehrt. Trotzdem kommen manche verkehrten Ergebnisse dem richtigen näher als andere.[8]

Was ist mit denen, die nie etwas von Jesus gehört haben?

Das ist die zweite Frage, die der Anspruch des Neuen Testaments, daß es keinen anderen Weg zu Gott gibt, aufwirft. Wenn wir nur durch Jesus gerettet werden können, gehen dann alle anderen verloren? Und wenn ja, ist das nicht ungerecht? Ich beantworte diese Frage gewöhnlich mit den folgenden fünf Argumenten.

Erstens: Die Bibel ist ein praktisches Buch und kein philosophisches Werk. Sie beantwortet hypothetische Fragen nicht direkt. Bei dieser Frage handelt es sich jedoch um eine hypothetische, weil sie nur von jemandem gestellt werden kann, der von Jesus gehört hat.

Zweitens: Wir können sicher sein, daß Gott absolut gerecht ist. Als Abraham die rhetorische Frage stellte: »Sollte der Richter der ganzen Erde nicht Recht üben?« (1. Mose 18,25), erwartete er zweifellos die Antwort: »Selbstverständlich tut er das.« Wir brauchen keine Angst zu haben, daß Gott ungerecht ist. Er ist gerechter als wir! Beim Jüngsten Gericht wird einmal jeder Mensch mit einem Gerechtigkeitssinn über das Urteil Gottes sagen: »Das ist vollkommen gerecht.«

Drittens: Wir wissen, daß niemand aufgrund seiner Religion gerettet wird. Gerettet werden wir durch die unverdiente Liebe und Gnade Gottes, durch den Glauben an Jesus Christus (Epheser 2,8). Er ist für uns gestorben, damit wir Vergebung empfangen können. Wir werden gerettet, wenn wir diese Gabe im Glauben annehmen.

Viertens: Es ist wichtig, zu beachten, daß die Möglichkeit, aus Gnaden durch Glauben gerettet zu werden, besteht, auch wenn jemand nie etwas von Jesus gehört hat. »Abraham aber glaubte Gott, und es wurde ihm zur Gerechtigkeit gerechnet« (Römer 4,3). Paulus sagt weiter, daß David ebenfalls »die Glückseligkeit des Menschen ausspricht, dem Gott Gerechtigkeit ohne Werke zurechnet« (Römer 4,6). Das ist möglich, weil das Kreuz sowohl für alle, die vor Jesus gelebt haben, als auch für die, die nach ihm gelebt haben, wirksam ist. Abraham und David empfingen Vergebung aufgrund dessen, was Jesus am Kreuz für sie tun würde. Sie hatten nicht das gleiche Vorrecht wie wir, wissen zu können, wie man Vergebung erlangen kann. Sie hatten auch nicht die gleiche Gewißheit wie wir, die aus dem Wissen über »Jesus Christus, und ihn als gekreuzigt« (1. Korinther 2,2) stammt. Trotzdem sagt Paulus, daß sie durch den Glauben gerechtfertigt worden sind.

Genauso würde auch der Mensch, der zur Zeit Jesu oder nach ihm gelebt hätte, durch den Glauben gerechtfertigt werden, selbst wenn er nie etwas von ihm gehört hätte. Jesus spricht in dem Gleichnis vom Pharisäer und Zöllner davon, daß der Zöllner, der betete: »O Gott, sei mir, dem Sünder, gnädig!«, *gerechtfertigt* hinab in sein Haus ging (Lukas 18,9-14). Gewiß gilt das gleiche auch heute für jeden, der noch nie etwas von Jesus gehört hat, aber das tut, was der Zöllner tat.

> Es scheint, daß die wesentlichen Elemente ein von Gott gewirktes Gefühl der Sünde oder Bedürftigkeit und ein bedingungsloses Vertrauen auf die Gnade Gottes sind. Wenn ein Mensch, auf den das zutrifft, später das Evangelium hört und versteht, dann glaube ich persönlich, daß er zu den

Menschen gehört, wie man sie manchmal auf dem Missionsfeld antrifft, die sofort darauf eingehen und mit beiden Händen zugreifen, als wollten sie sagen: »Genau das ist es, worauf ich all die Jahre gewartet habe. Warum bist du nicht früher gekommen, um mir davon zu erzählen?« Und wenn dieser Mensch hier auf Erden nie das Evangelium hört, dann glaube ich, daß er einmal in der Ewigkeit aufwachen und Ihn anbeten wird, in dem er, ohne es zu wissen, die Gnade Gottes gefunden hatte.[9]

Fünftens: John Stott hat darauf hingewiesen, daß es berechtigte biblische Gründe für großen Optimismus gibt. Die Nachkommen Abrahams (sowohl leibliche als auch geistliche) werden »überaus zahlreich (sein) wie die Sterne des Himmels und wie der Sand, der am Ufer des Meeres ist« (1. Mose 22,17). »Paulus scheint uns hier versichern zu wollen, daß viel mehr Menschen gerettet als verloren sein werden, weil das heilbringende Werk Christi erfolgreicher sein wird als das verderbenbringende Tun Adams und weil die lebenspendende Gnade Gottes ›viel überströmender‹ ist als die todbringende Übertretung Adams.«[10] (Siehe Römer 5,2.)

Wenn das der Fall ist, warum sollen wir uns überhaupt noch die Mühe machen, anderen von Jesus zu erzählen? Zum ersten, weil die Ehre Jesu Christi auf dem Spiel steht. Zum zweiten, weil Jesus uns befohlen hat, in alle Welt zu gehen und die frohe Botschaft weiterzusagen. Zum dritten, weil ein Mensch, der nichts von Jesus weiß, weder über die Vergebung seiner Sünden noch über das überfließende Leben, das er uns in diesem und dem zukünftigen Leben anbietet, Gewißheit haben kann. Denn Jesus ist nicht nur der Weg und die Wahrheit, sondern auch »das Leben«.

Was sollen wir also tun?

Es gibt keine Entschuldigung. Keiner, der dieses Kapitel gelesen hat, wird jemals sagen können: »Ich habe nie etwas von Jesus gehört.« Deswegen bleibt uns auch kein anderer Ausweg offen. Im Hebräerbrief lesen wir die warnenden Worte: »Wie werden wir entfliehen, wenn wir eine so große Errettung mißachten?« (Hebräer 2,3).

Was die anderen Menschen betrifft, so ist es unsere Aufgabe, ihnen die gute Nachricht von Jesus zu erzählen. Wenn die ersten Christen nicht bereit gewesen wären, die frohe Botschaft denen weiterzusagen, die bereits ihre eigene Religion besaßen, wäre das Christentum innerhalb einer einzigen Generation ausgestorben.

> Der Christ weist auf den einen Herrn, Jesus Christus, als den Herrn aller Menschen hin ... die Kirche braucht sich nicht dafür zu entschuldigen, daß sie möchte, daß alle Menschen Jesus Christus kennenlernen und ihm folgen. Ihre eigentliche Berufung liegt darin, das Evangelium bis an die Enden der Erde zu verkündigen. Sie darf in dieser Hinsicht keinerlei Abstriche machen. Egal, ob Menschen eine hohe, eine niedrige oder eine primitive Religion haben, ob sie die erhabensten Ideale oder die schwächsten Moralvorstellungen besitzen – darauf kommt es überhaupt nicht an. Alle müssen das Evangelium hören.[11]

Natürlich müssen wir demütig und mit viel Einfühlungsvermögen ans Werk gehen. Christen sind nicht besser als Menschen, die eine andere Religion oder gar keine Religion haben. Wir sitzen alle in einem Boot; wir brauchen alle einen Erlöser, deshalb ist Überheblichkeit völlig fehl am Platz.

Zweitens müssen wir positiv sprechen. Petrus griff in Apostelgeschichte 4 nicht die anderen Religionen an; er gab einfach die gute Nachricht von Jesus weiter.

Drittens müssen wir höflich sein. Wir sollten jeden Menschen als jemand achten, der im Ebenbild Gottes geschaffen ist, egal ob Christ oder Nichtchrist.

Und schließlich müssen wir mutig sein. Die ersten Christen schämten sich nicht, Jesus überall zu bezeugen. Ihre Botschaft war höchst unpopulär und brachte sie in mancherlei Schwierigkeiten hinein. Aber sie hörten trotzdem nicht auf zu reden. Wir sollten es machen wie sie –

gerade in der heutigen Zeit, in der es oft mehr um Toleranz als um die Wahrheit geht.

Es ist wichtig, daran zu denken, daß »der Pluralismus im ersten und zweiten Jahrhundert n. Chr. sowohl an Ausmaß als an Intensität alles übertraf, was die Welt je gesehen hat.« Aber, so fährt Michael Green fort: »Es ist nicht so, daß der Pluralismus uns keine Wahl ließe, im Gegenteil, er gibt uns gerade die Möglichkeit, auf dem religiösen ›Markt der Möglichkeiten‹ ein unverfälschtes Evangelium zu verkündigen und natürlich den anderen Religionen das gleiche Recht zuzugestehen. Laß die Wahrheit siegen und alles feige Stillschweigen ein für allemal verbannt sein.«[12]

ZUR WEITEREN LEKTÜRE EMPFOHLEN:

Stephen Neill, *The Supremacy of Jesus* (Hodder & Stoughton, 1984)
Lesslie Newbigin, *The Gospel in a Pluralist Society* (SPCK)
John Stott, *The Contemporary Christian* (IVP, 1992), Kapitel 18

ANMERKUNGEN:

1. Bernard Levin, *The Times* (27. Januar 1992)
2. Stephen Neill, *The Supremacy of Jesus* (Hodder & Stoughton, 1984), S. 82
3. John Stott, *The Contemporary Christian* (IVP, 1992), S. 308
4. John Young, *The Case Against Christ* (Hodder & Stoughton, 1986), S. 152
5. Stephen Neill, *a.a.O.*, S. 82
6. Lesslie Newbigin, *The Finality of Christ* (John Knox Press, 1969), S. 59
7. Alister McGrath, *Bridgebuilding* (IVP, 1992), S. 151
8. C. S. Lewis, *Mere Christianity* (Fount, 1952), S. 39
9. J. N. D. Anderson, *Christianity and Comparative Religion* (IVP), S. 105
10. John Stott, *a.a.O.*, S. 319

11. Lesslie Newbigin, *a.a.O.*, S. 59
12. Michael Green, *Evangelism through the Local Church* (Hodder & Stoughton, 1990), S. 75

3
IST SEX VOR DER EHE VERKEHRT?

In der zweiten Hälfte des 20. Jahrhunderts haben gewaltige Umwälzungen auf sexuellem Gebiet stattgefunden. Unsere Gesellschaft ist durchdrungen von sexuellen Reizen in Film, Fernsehen, Werbung und Illustrierten. Längst ist nicht mehr nur das oberste Regal in Zeitschriftenläden dieser Art Lektüre vorbehalten. Direkt in Augenhöhe liegen heute Magazine aus, die »alles verraten, was Sie immer über Sex wissen wollten – und noch viel, viel mehr«. Auf der Titelseite der Zeitschrift GQ konnte man das kürzlich, auf eine Kurzformel gebracht, in den gekritzelten Worten lesen: »Sex, Sex, Sex – und Sex. Leitfaden zu mehr und besserem Sex.« Sex ist zum Gott unserer Tage geworden.

Gleichzeitig findet jedoch eine weitere alarmierende Umwälzung statt: der Zusammenbruch von Ehe und Familie. Vor 100 Jahren belief sich die jährliche Scheidungsrate auf zweihundert Scheidungen pro Jahr. Im Jahr 1987 war sie bereits auf 151.000 gestiegen und hatte sich damit seit 1967 verdreifacht. Heute endet beinahe jede zweite Ehe vor dem Scheidungsrichter. Die finanziellen Kosten der zerbrochenen Ehen belaufen sich, wie aus Statistiken über Rechtshilfe für bedürftige Personen und staatliche Beihilfen hervorgeht, inzwischen auf die atemberaubende Summe von 2 Billionen Pfund pro Jahr.[1] Noch viel verheerender sind die seelischen Schäden im Leben der betroffenen Menschen.

Die Folge ist, daß immer weniger Paare bereit sind, überhaupt zu heiraten. Man lebt ganz einfach so zusammen. Nur noch zwei von drei Empfängnissen finden im Rahmen der Ehe statt und führen zur Geburt. John Diamond von *The Times* schreibt in seiner Kolumne »Privatleben«: »Heutzutage scheint Heiraten, zumindest für die meisten Menschen, etwas Freiwilliges zu sein, wozu man sich nur entscheidet, wenn man eine besondere Erklärung über das längst bestehende Zusammenleben abgeben möchte.«[2] Alles deutet darauf hin, daß mit der sogenannten »sexuellen Befreiung« des 20. Jahrhunderts etwas grundlegend nicht stimmt.

Auf der anderen Seite hat es natürlich auch Zeiten gegeben, in denen Kirche und Gesellschaft eine vollkommen repressive und negative Haltung gegenüber der Sexualität eingenommen haben. Origenes, einer der frühchristlichen kirchlichen Schreiber, betrachtete die Sexualität als von Natur aus sündig: »Adam ›erkannte‹ seine Frau sexuell erst nach dem Sündenfall. Wäre dieser nicht gewesen, hätten sich die Menschen wahrscheinlich auf irgendeine geheimnisvolle oder engelhafte Weise fortgepflanzt, und zwar ohne Geschlechtsverkehr und somit ohne Sünde.«

Im Mittelalter lehrte beispielsweise Yves von Chartres eine völlige Abstinenz auf sexuellem Gebiet an fünf von sieben Wochentagen: am Donnerstag zum Andenken an die Gefangennahme unseres Herrn, am Freitag zu Ehren seines Todes, am Samstag zu Ehren der Jungfrau Maria, am Sonntag zum Gedächtnis an die Auferstehung Jesu, und am Montag aus Ehrerbietung gegenüber den im Glauben Entschlafenen!

Auch das viktorianische Zeitalter ist besonders für seine sexuelle Prüderie bekannt. Es gab damals sogar etliche, die dafür eintraten, die Beine von Klavieren zu bedecken! Vorurteile dieser Art sowie Schuldgefühle in Verbindung mit der Sexualität bestimmen auch heute noch das Leben vieler Menschen.

Sowohl die Sexbesessenheit unserer Tage als auch die Unterdrückung aller diesbezüglichen Gefühle, wie aus früheren Zeiten bekannt, sind weit entfernt vom biblischen Verständnis, das absolut nicht veraltet, sondern gerade in unserer modernen Gesellschaft höchst aktuell ist. Denn hier, im Wort Gottes, finden wir die Instruktionen des Schöpfers, die dazu angetan sind, uns Menschen wahre Freiheit und Erfüllung zu bringen.

Gott in seiner Liebe hat einen guten Plan für uns erdacht

Die Bibel bestätigt unsere Sexualität; Gott hat uns »als Mann und Frau« erschaffen (1. Mose 1,27). Der Leib ist etwas Gutes; wir sind »auf eine erstaunliche, ausgezeichnete Weise gemacht« (Psalm 139,14). Jesus besaß selber einen Leib. Alles, was Gott gemacht hat, ist gut – einschließlich unserer Geschlechtsorgane, die zu unserer Freude bestimmt sind. Der Geschlechtstrieb ist uns von Gott gegeben und erweist sich, im richtigen Rahmen erlebt, als großer Segen – so wie das Feuer in der Feuerstelle. In Gottes ursprünglicher Schöpfung waren Adam und Eva »beide nackt ... und sie schämten sich nicht« (1. Mose 2,25). Ihre Sexualität war nicht mit Schuldgefühlen belastet. So sollten auch wir offen und frei über diese Dinge reden können, ohne uns zu schämen. Geschlechtsverkehr im richtigen Zusammenhang ist etwas Gutes, Schönes. Wie C. S. Lewis sagt: »Freude ist Gottes Erfindung, nicht die des Teufels.« Es ist nicht so, daß Gott vom Himmel herabschaut und entsetzt ausruft: »Du meine Güte, was werden sie sich bloß als nächstes einfallen lassen?«

Die Bibel sieht den Intimverkehr als eine Form tiefen Sich-Mitteilens an. »Adam erkannte seine Frau Eva, und sie wurde schwanger und gebar Kain« (1. Mose 4,1). Im Hohelied Salomos sehen wir, wieviel Freude, Zärtlichkeit, Befriedigung und Erfüllung die sexuelle Betätigung mit sich bringen kann. Gleich die ersten Verse geben den Ton an: »Er küsse mich mit Küssen seines Mundes, denn deine Liebe ist köstlicher als Wein« (Hohelied 1,2).

Wie gesagt, Sex im richtigen Zusammenhang ist gut und schön. Bei Gott stehen sexuelle Beziehungen in hohem Ansehen. Die Ehe spiegelt die Beziehung wider, die Christus zu seiner Gemeinde hat (Epheser 5); etwas Höheres kann man sich gar nicht vorstellen. Deshalb sollten christliche Ehepaare ermutigt werden, sich aneinander zu freuen und ihre sexuelle Gemeinschaft in vollen Zügen zu genießen. Innerhalb der Ehe herrscht eine große Freiheit; Sex sollte nie etwas Alltägliches oder gar Langweiliges werden. Das steht in krassem Gegensatz zu der Einstellung vieler sogenannter Verfechter der sexuellen Freizügigkeit. Marcelle d'Argy Smith, die Herausgeberin der Zeitschrift *Cosmopolitan*, schrieb kürzlich: »Sex ist ähnlich wie der Big Ben. Ich bin froh, daß es ihn gibt, und wenn ich nicht so müde wäre, könnte ich sogar einen Blick darauf werfen.«[3]

Der biblische Rahmen, in dem sich der Geschlechtsverkehr abspielen soll, ist der lebenslange Bund der Ehe zwischen einem Mann und einer Frau. Im Schöpfungsbericht, auf den Jesus in Matthäus 19,5-6 bestätigend Bezug nimmt, heißt es: »Darum wird ein Mann seinen Vater und seine Mutter verlassen und seiner Frau anhangen, und sie werden zu *einem* Fleisch werden« (1. Mose 2,24). Hier haben wir den Schlüssel zum biblischen Eheverständnis. Als erstes geht es ums Verlassen – ein öffentlicher Akt einer lebenslangen, exklusiven Bindung. Als zweites kommt das Einswerden von Mann und Frau. Sie werden praktisch »zusammengeschweißt« in der Ehe. In diesem Rahmen findet als drittes die sexuelle Vereinigung – das »zu einem Fleisch werden« – statt. Hier handelt es sich nicht nur um einen körperlichen und biologischen Vorgang, sondern auch um ein emotionales, psychologisches, geistliches und soziales Einswerden. Die Verbindung in der Ehe umfaßt unser ganzes Sein, und der Geschlechtsverkehr ist weit mehr als nur eine körperliche Reaktion auf ein körperliches Verlangen. Die körperliche Vereinigung ist der Ausdruck des Einsseins auf allen anderen Gebieten und fördert dieses. So wie wir uns durch unseren Körper ausdrücken, so drückt der Geschlechtsverkehr unser Einssein aus.

Gott hat unseren Körper und seine Sexualität so geschaffen, daß wir ein Leben lang Freude aneinander haben und uns gegenseitig entdecken können. Ein Schauspieler, der für seine romantischen Rollen bekannt ist, wurde bei einer Fernsehsendung gefragt: »Was macht einen echten Liebhaber aus?« Seine Antwort lautete: »Ein echter Liebhaber ist jemand, der eine Frau ihr Leben lang befriedigen und von einer Frau sein Leben lang befriedigt werden kann. Ein echter Liebhaber ist nicht einer, der von einer Frau zur anderen wechselt. Das kann jeder Hund!« Natürlich gilt das für Männer und Frauen gleichermaßen.

Zudem sind laut der göttlichen Ordnung Partnerschaft und Fortpflanzung miteinander verknüpft. Gott segnete Adam und Eva und sagte zu ihnen: »Seid fruchtbar und vermehrt euch« (1. Mose 1,28). Unser Körper ist so beschaffen, daß durch ein und denselben Geschlechtsakt zweierlei bewirkt wird: zum einen findet eheliche Gemeinschaft statt, zum anderen werden Kinder gezeugt. Das bedeutet nicht, daß letzteres bei jedem Geschlechtsverkehr beabsichtigt sein muß, aber es gehört mit zum Schöpfungsplan Gottes, daß ein Mann und eine Frau zur Zeugung eines Babys notwendig sind. Gottes Ideal besagt, daß jedes Kind in einem Akt von Liebe und Verbindlichkeit empfangen werden und in dieser Atmosphäre auch aufwachsen soll. Die wichtigste Beziehung, damit ein Kind sich geborgen fühlt, ist die Beziehung der Eltern zueinander.

Gott in seiner Liebe warnt uns vor menschlichen Verzerrungen

Wie tragisch, daß Gottes guter Plan durch die Sünde des Menschen so verzerrt und entstellt worden ist. Die Sünde wirkt sich auf jeden Bereich des menschlichen Lebens, einschließlich der Sexualität, negativ aus. »Alle haben gesündigt und erreichen nicht die Herrlichkeit Gottes«

(Römer 3,23). Natürlich sind nicht alle Menschen in sexueller Hinsicht gleich »verdreht«. Bei einigen mag die ursprüngliche Schöpfungsordnung besser erhalten sein als bei anderen, aber keiner von uns hat das Recht, einen anderen zu verurteilen. Als Jesus zu den Männern, die die im Ehebruch ertappte Frau steinigen wollten, sagte: »Wer von euch ohne Sünde ist, werfe den ersten Stein auf sie« (Johannes 8,7), sprach er, wie aus dem Zusammenhang hervorgeht, nicht von irgendeiner Sünde, sondern speziell von Sünde auf sexuellem Gebiet.

Die Tatsache, daß wir alle Schuld auf uns geladen haben, bedeutet nicht, daß es dann ja eigentlich egal ist und wir uns gar keine Mühe mehr zu geben brauchen, nicht zu sündigen. Jesus sagte zu der Ehebrecherin: »Geh hin und sündige nicht mehr« (Johannes 8,11). Die Anweisungen des Schöpfers wurden aus Liebe gegeben. Es geht nicht darum, daß er uns Menschen den Spaß verderben will, weil er ihn uns nicht gönnt – es geht darum, daß er uns Schmerzen und Leid ersparen möchte.

Wie wir gesehen haben, hat Gott die sexuelle Gemeinschaft so geplant, daß wir innerhalb der Ehe Freude daran haben sollen. Jeder Geschlechtsverkehr außerhalb der Ehe ist eine Verzerrung der guten Gottesgabe und entspricht nicht seinem Ideal. Für Jesus war die Bibel absolute Autorität, und wenn Jesus der Herr unseres Lebens ist, müssen wir seinem Vorbild folgen. Das heißt nicht, daß wir Menschen, die so etwas tun, verurteilen, denn wir sollen ja alle bedingungslos akzeptieren und lieben. Dennoch müssen wir klar gegen die Sünde Stellung beziehen. Gerade darin zeigt sich u. a., daß wir die Menschen lieben.

Jeder Geschlechtsverkehr außerhalb der Ehe ist verboten. Der Ehebruch ist durch das 7. Gebot ganz besonders von diesem Verbot betroffen, und wenn wir sehen, wie das Vertrauen von Ehepartnern mißbraucht wird und Familien scharenweise auseinanderbrechen, verstehen wir gut, warum. Wenn es um Sex vor der Ehe geht, finden sich jedoch wesentlich mehr Befürworter, und so möchte ich hier näher darauf eingehen.

Weil es sich beim Geschlechtsverkehr um einen lebensverbindenden Akt handelt, schreibt der Apostel Paulus, daß sogar ein Mann, der sich mit einer Prostituierten einläßt, »*ein* Leib mit ihr ist« (1. Korinther 6,16). Er befiehlt seinen Lesern: »Flieht die Hurerei!« (Vers 18). Das hier benutzte Wort schließt jede Art von Sex außerhalb der Ehe ein. Dasselbe Wort wird von Jesus in Markus 7,21 und von Paulus an anderer Stelle gebraucht (1. Thessalonicher 4,3-8).

Die meisten stimmen wohl darin überein, daß Sex und Liebe zusammengehören. Promiskuität (Geschlechtsverkehr mit verschiedenen, häufig wechselnden Partnern) hat, obwohl heute weit verbreitet, wenig ernsthafte Befürworter. Dagegen haben viele nichts gegen Sex vor der Ehe einzuwenden, wenn es sich um eine feste Beziehung der Partner handelt. Die Lehre Jesu im Neuen Testament wendet sich jedoch gegen eine solche Praxis, denn es sind keineswegs nur Liebe und Sex, die zusammengehören, sondern zum Sex muß die auf Dauer angelegte Verbindlichkeit einer Ehe kommen. Diese Verbindlichkeit drückt sich in unserer Gesellschaft durch das Eheversprechen aus. Heiraten bedeutet nicht nur ein Stück Papier, noch ist der Hochzeitstag lediglich eine Gelegenheit, sich herauszuputzen und mit Angehörigen und Freunden zu feiern. Eine Hochzeit ist Ausdruck einer lebenslangen Verpflichtung, die öffentlich und verantwortlich übernommen wird, und der Trauschein ist ein offizielles Dokument, das von allen eingesehen werden kann. In diesem Zusammenhang betrachtet, ist der Geschlechtsverkehr Ausdruck, Siegel und Mittel einer unzerbrechlichen, totalen personalen Einheit. Ohne diese Verbindlichkeit wird der Sexualverkehr zu einem billigen Vergnügen degradiert, er ist »ein lebensverbindender Akt ohne eine lebensverbindende Absicht«.[4] Die lebensverbindende Absicht wird erst durch die Eheschließung dokumentiert. Die Verlobung reicht dazu nicht aus, denn eine Verlobung kann jederzeit wieder gelöst werden (das ist gerade mit ein Grund, weshalb Menschen eine Verlobungszeit ansetzen). Die endgültige Bindung tritt erst mit der öffentlichen Trauung in Kraft.

Das ist Gottes Plan für alle sexuellen Beziehungen. Sex außerhalb der Ehe mag uns gut erscheinen, aber immer wenn Gottes Plan durchbrochen wird, nehmen Menschen Schaden.

Erstens laufen wir Gefahr, uns selbst weh zu tun. Wenn eine Beziehung, in der es bereits zum Geschlechtsverkehr gekommen ist, in die Brüche geht, nimmt irgendeiner immer Schaden, aber gewöhnlich haben beide Seiten darunter zu leiden. Das gilt insbesondere für Scheidung, trifft aber auch auf sexuelle Beziehungen zwischen unverheirateten Partnern zu. In der Regel bleiben bei beiden tiefe Wunden zurück. Gott ist kein Spielverderber. Er möchte nur nicht, daß wir verletzt werden. Außerdem hat eine Ehe ohne voreheliche Beziehungen wesentlich bessere Chancen zu gelingen. *Vor*ehelicher Geschlechtsverkehr erhöht die Wahrscheinlichkeit zu *außer*ehelichem Geschlechtsverkehr, und Ehebruch ist bekanntlich ein Hauptfaktor beim Zerbrechen von Ehen. Wie in jüngster Zeit veröffentlichte Zahlen belegen, ist die Scheidungsrate bei Ehepartnern, die bis zur Hochzeit gewartet haben, deutlich niedriger als bei anderen. Beispielsweise lag die Wahrscheinlichkeit der Scheidung innerhalb der ersten acht Jahre bei Ehepaaren, die in den 80er Jahren geheiratet und bereits vor der Hochzeit zusammengelebt hatten, um 60% höher als bei vergleichbaren Paaren, bei denen das nicht der Fall war.[5]

Wenn wir uns nach den Geboten Gottes richten, leben wir unter seinem Segen, und dieser schließt den Segen auf der Ehe mit ein. Sogar Nichtchristen müssen oft zugeben, daß sie etwas Entscheidendes verloren haben, wenn sie vor der Ehe wie Mann und Frau zusammen waren. John Diamond schrieb in *The Times* bezüglich junger Menschen, die bis zur Hochzeit warten können, daß sie

> etwas haben, worauf sie sich freuen können. Als Kinder verlassen sie am Hochzeitsmorgen ihr Elternhaus und steigen abends als Erwachsene ins Bett. Da gibt es so vieles,

womit man spielen kann, und zwar zur gleichen Zeit: das neue Haus, der Spaß am gemeinsamen Abwasch, das Ehebett, das gemeinsame Scheckbuch – und weil das alles mit der Hochzeit begonnen hat, ist es auch Teil des gemeinsamen Abenteuers.

Wir »Otto-Normal-Verbraucher« hingegen stehen am Hochzeitsmorgen wie gewohnt auf, klopfen unserem Partner freundlich auf die Schulter, schlingen hastig unser Frühstück hinunter, fahren mit dem Taxi zum Standesamt, hören uns halb spöttisch klingende Bemerkungen unseres Partners an, was wir wohl heute abend treiben werden – haha! – und sehen uns, von der Trauzeremonie zurückgekehrt, den Abwaschbergen vom vergangenen Abend gegenüber. Wir versuchen es ein, zwei Tage mit dem neuen Namen: »Herr und Frau Sowieso«, bis wir feststellen, daß unser gemeinsames Scheckbuch wie auch die Hypothekenbriefe auf unsere alten Namen ausgestellt sind – und kehren wieder zu ihnen zurück.

Wir haben ein dutzendmal über dem gemeinsamen Scheckbuch gesessen und uns zigmal über die neue Tapete für den Flur unterhalten. Das Problem der schmutzigen Socken im Badezimmer ist uns absolut nicht neu, und den Satz: »Wer ist diesmal dran mit …?« kennen wir längst auswendig. Während Jungvermählte, die bis zur Hochzeit gewartet haben, voller Glück in das Wunderland der Flitterwochen starten, beschränken sich unsere Ehepläne darauf, daß wir auf der Woolwich-Fähre festsitzen und darüber diskutieren, wer denn wieder vergessen hat, etwas zum Essen mitzunehmen.[6]

Wenn die beiden Partner sich schließlich heiraten, tut es ihnen oft leid, daß sie nicht bis zur Hochzeit gewartet haben. Ein Mann, dem es so ergangen war, sagte mir, es sei so, als wenn man seine Weihnachtsgeschenke vor dem Heiligen Abend auspacken würde.

Zweitens laufen wir Gefahr, anderen Menschen weh zu tun. Wenn die Beziehung auseinandergeht, kann das nachteilige Auswirkungen auf eine zukünftige Ehe haben. Frühere sexuelle Beziehungen können zu Eifersucht führen und dem Ehepartner das Gefühl geben, nicht der »Einzige« gewesen zu sein. Sie können sogar eine Heirat weniger wahrscheinlich machen. Das betrifft in unserer Gesellschaft vor allem Frauen, die eine Reihe von sexuellen Beziehungen hinter sich haben. Bei Männern dagegen wird ein solches Verhalten seltsamerweise oft toleriert. Sie gelten u.U. sogar als »erfahren« oder werden als »Lebemann« gelobt, während eine Frau als »gebrauchter Gegenstand« betrachtet wird, von dem in der Ehe nicht mehr viel zu erwarten ist. Das kann zu tiefen inneren Verletzungen führen. Sollte es zu einer ungewollten Schwangerschaft kommen, sind oft schwerwiegende Entscheidungen zu treffen. Es gibt dabei verschiedene Möglichkeiten: Abtreibung, ein Leben als Alleinerziehende/r, Freigabe des Kindes zur Adoption, eine »Mußheirat« oder ein uneheliches Kind. All diese Dinge bringen gravierende Nachteile mit sich und bleiben weit hinter der Idealvorstellung zurück, die Gott für die beiden Partner und das Kind hat. Wir, die wir im geistlichen Dienst stehen, wissen, wieviel Not und menschliches Leid damit verbunden ist.

Drittens birgt es große Gefahren für unsere Gesellschaft. Die Familie ist ein grundlegender Baustein der Gesellschaft. Mehr und mehr wird die Tatsache erkannt, daß Sex außerhalb der Ehe ein Faktor sein kann, der zum Zusammenbruch der Familie führt. Dieses wiederum ist erwiesenermaßen einer der Gründe für die ständig steigende Verbrechensrate. Tatsächlich handelt es sich bei beiden um Symptome einer Gesellschaft, die sich von den Wertmaßstäben Gottes entfernt hat. Immanuel Jakobovits, von 1967 bis 1991 Oberrabbiner, schrieb in einem Artikel über Untreue in der Ehe folgendes: »... der Preis, den die Gesellschaft dafür bezahlt, ist unermeßlich hoch – vor allem, wenn man an die Millionen von Kindern denkt, die heute in einer moralischen Einöde aufwachsen, ohne die Geborgenheit einer liebenden Familie zu kennen. Wen wundert's, daß sich aus ihren Reihen unzählige verbitterte, egoistische, einsame und manchmal sogar gewalttätige Bürger rekrutieren, die die asozialen Reihen verstärken?«[7]

Unser Körper ist nicht für Sex außerhalb der Ehe geschaffen. Ehe man etwas von Aids wußte, war so etwas zumindest ungesund, heute kann es tödlich sein. Allzulange haben die Illustrierten uns vorgegaukelt, »freie Liebe« sei umsonst. Aber der Preis dafür ist hoch. Wenn wir uns an Gottes Maßstäbe gehalten hätten, wäre Aids heute nicht so verbreitet. Die beste Methode, diese Krankheit zum Stillstand zu bringen, ist die Rückkehr zu Gottes Wertmaßstäben.

Viertens tun wir Gott weh. Die wichtigste Überlegung ist die, daß das Übertreten der Gebote Gottes tragische Folgen hat: es trennt uns von ihm. Deshalb ist es unmöglich, Gott von ganzem Herzen zu lieben und ihm zu dienen, während man gleichzeitig auf dem Gebiet sexueller Moral seinen Geboten ungehorsam ist. Genau das ist es, was viele heute davon abhält, ihr Leben Christus zu übergeben. Sie verzichten lieber auf das überfließende, ewige Leben, nur um etwas zu gewinnen, was ihnen am Ende Schaden bringt. Andere werden von der Spannung zerrissen, sich einerseits zum Glauben an Christus zu bekennen, andererseits aber ein Leben zu führen, das, wie sie selbst wissen, mit einem solchen Bekenntnis nicht zu vereinbaren ist.

Das Neue Testament warnt uns davor, daß Gott jede Sünde, einschließlich der Hurerei, richten wird (1. Thessalonicher 4,6). Gottes Gebote sind dazu da, uns selber und die Gesellschaft zu schützen – und sie wurden, wie bereits erwähnt, aus Liebe gegeben. Wenn wir seine Gebote jedoch übertreten, so hat das katastrophale Folgen.

Gott in seiner Liebe hat Jesus gesandt, um uns wiederherzustellen

Gottes Wertmaßstäbe sind sehr hoch und in unserer Gesellschaft gewiß nicht leicht einzuhalten. Trotzdem läßt Gott uns nicht allein, sondern ist gekommen, um uns frei zu machen. Jesus kam nicht, um die Welt zu verdammen, sondern um sie zu retten. Er gibt uns Kraft, der

Versuchung zu widerstehen, und er bringt Vergebung und Heilung.

Widerstehen

Es ist möglich, eine sexuelle Beziehung zu stoppen, auch wenn es einem schwerfällt. Es mag sein, daß jemand, der zu Christus kommt, mit einem ungläubigen Partner zusammenlebt und nicht weiß, wie er diesem erklären soll, warum er auf einmal nicht mehr mit ihm schlafen will. Der Partner fühlt sich dadurch vielleicht abgelehnt und verletzt. Dennoch ist es praktisch nicht möglich, echte Fortschritte im Glauben zu machen, solange eine solche Beziehung nicht gelöst wird, denn man kann nicht an der Sünde festhalten und gleichzeitig von ganzem Herzen Christus folgen. Wenn beide Partner zur gleichen Zeit zu Christus finden, ist es wesentlich einfacher, erfordert aber immer noch eine gewaltige Selbstbeherrschung. Ich kenne persönlich mehrere Paare, die das geschafft haben und in der Folge von Gott besonders gesegnet wurden. Gewöhnlich haben sie später geheiratet und Gottes Segen auch in der Familie erlebt. Manche meinen, sie würden die Achtung ihrer Freunde verlieren, aber genau das Gegenteil ist oft der Fall. Wenn wir nach den göttlichen Maßstäben leben, gibt uns das die Gelegenheit, positiven Einfluß auf die Gesellschaft zu nehmen, anstatt uns in die Form dieser Welt pressen zu lassen.

Viele haben Angst, es könnte in ihrem Leben etwas fehlen, wenn sie nicht mehr mit dem Partner intim sind, und sie könnten einander entfremdet werden. Das stimmt aber nicht, es sei denn, die Beziehung ist allein auf Sex aufgebaut. In einem solchen Fall ist es ohnehin besser, die Beziehung zu beenden, weil die Basis nicht fest genug ist. Gerade das ist eine große Gefahr beim vorehelichen Sex, daß er unser Urteilsvermögen bezüglich der Richtigkeit der Beziehung beeinträchtigt. Es läßt sich viel leichter erkennen, ob zwei Menschen wirklich fürs Leben zusammengehören, wenn ihr Urteilsvermögen nicht durch eine sexuelle Beziehung getrübt ist. Wie eine junge Frau von 27 Jahren es ausdrückte: »Als das Sexuelle wegfiel, merkte ich auf einmal, daß nichts übriggeblieben war.« Wenn die Beziehung richtig ist, wird es diesen Einbruch nicht geben, vielmehr wird ein tiefes Verstehen, Ehrerbietung, Vertrauen und Würde zwischen den Partnern vorhanden sein.

Es kann sogar zu einem echten Gefühl der Erleichterung kommen. Eine andere Frau sagte mir: »Es kam mir vor, als sei eine riesige Last, deren Vorhandensein ich vorher nicht bemerkt hatte, von meinen Schultern gefallen.« Geschlechtsverkehr ist nicht die einzige Möglichkeit, seine Liebe zu demonstrieren. In der Tat ist Selbstbeherrschung oft ein noch größerer Liebesbeweis, der zudem ein gutes Vorbild für das Eheleben gibt, in dem ja auch von Zeit zu Zeit Selbstbeherrschung gefordert ist. Wenn die Beziehung nach diesen Regeln verläuft, wird es für beide Partner leichter sein zu entscheiden, ob es richtig ist zu heiraten oder nicht.

Was können wir tun, um gar nicht erst in eine derartige Situation hineinzugeraten? Jesus sprach als erstes das Herz, die Augen und die Gedanken an. Er sagte: »... jeder, der eine Frau ansieht, sie zu begehren, (hat) schon Ehebruch mit ihr begangen ... in seinem Herzen« (Matthäus 5,28). Hier fängt für jeden von uns die Selbstbeherrschung an. Wir werden alle irgendwann versucht, unreine Gedanken zu hegen. Auch Jesus wurde versucht, aber Versuchung ist noch keine Sünde. Nicht die Gedanken an sich sind sündig, sondern das bewußte Spielen mit ihnen. Je mehr wir ihnen nachgeben, um so schwieriger wird es. Jakobus, der Bruder des Herrn Jesus, schrieb in seinem Brief: »Widersteht dem Teufel, und er wird von euch fliehen. Naht euch Gott, und er wird sich euch nahen« (Jakobus 4,7-8). Es scheint wie eine Spirale zu sein, die entweder weiter nach oben oder nach unten geht.

Wir sollten einander helfen, indem wir uns nicht gegenseitig zur Versuchung reizen. Es ist z. B. keine gute Idee, im gleichen Bett zu schlafen, wenn man der Versuchung widerstehen möchte. Manchmal werde ich von unverheirateten Leuten gefragt: »Wie weit können wir denn gehen?« Die Bibel macht darüber keine genauen

Angaben, deshalb sollten auch wir darauf verzichten. Die Menschen wie auch die Umstände sind ja so unterschiedlich. Wir sollten jedoch bedenken, daß es mit jedem Mal schwieriger wird, nicht noch einen Schritt weiter zu gehen. Kein Ehepaar, das ich kenne, hat je bereut, sich vor der Ehe zu sehr zurückgehalten zu haben.

Darf man sich denn, um den sexuellen Bedürfnissen trotzdem in etwa gerecht zu werden, selbst befriedigen? Dieses Thema ist, besonders unter Christen, häufig mit einem Tabu belegt. Tatsache ist, daß fast alle Heranwachsenden und auch viele Erwachsene sich selbst befriedigen. Schätzungsweise 95% der Männer und mehr als 50% der Frauen haben Erfahrung mit Selbstbefriedigung. Das ist für den Körper nicht grundsätzlich schädlich, es wird auch in der Bibel nicht speziell verurteilt.

Trotzdem möchte ich drei schwerwiegende Bedenken anmelden. Erstens besteht die Gefahr, daß diese Praxis zur Sucht führt. Zweitens wird das Geschlechtliche unpersönlich; unsere Sexualität ist dazu gedacht, uns zu einer persönlichen Einheit mit einem Partner zu führen. Drittens geht die Selbstbefriedigung häufig mit begehrlichen Gedanken einher. Trotzdem sind die damit verbundenen Schuldgefühle oft unverhältnismäßig groß. Martin Luther sprach von »einer Jugendsünde«. Ein Pastor meinte, es sei »ähnlich wie das Nägelkauen« – etwas, was bei vielen zum Erwachsenwerden gehört. Wie gesagt, gut ist es bestimmt nicht, man sollte es aber auch nicht zu ernst nehmen, solange es nicht übertrieben wird.

Auf allen diesen Gebieten sollten wir uns vor der »Schuld- und Verdammnisspirale« hüten, die uns immer mehr hinunterziehen und immer weiter in Sünde fallen lassen kann. Der Geist Gottes macht uns frei, wo festgesetzte Regeln wirkungslos sind (Römer 8,1-4). Die Gabe des Heiligen Geistes gibt uns die Möglichkeit, von diesen Dingen frei zu werden.

Vergebung

Wie wir bereits gesehen haben, sind wir alle auf diesem Gebiet mehr oder weniger schuldig geworden. Keiner von uns ist in der Lage, mit Steinen auf einen anderen zu werfen. Jesus ist für uns gestorben, um uns Vergebung zuteil werden zu lassen. Diese Vergebung erlangen wir über den Weg der Buße. In Psalm 51 sehen wir ein Modell für Buße nach einer sexuellen Verfehlung. Dieser Psalm Davids entstand, nachdem er mit Bathseba Ehebruch begangen hatte. Das Heilmittel für die Sünde besteht nicht in Ausreden oder irgendwelchen Wiedergutmachungsversuchen. Was hilft, ist allein Buße und Bekennen. Egal, wie tief wir gefallen sind – wir können in Christus ganz neu beginnen.

Mir gefällt sehr gut, was Jackie Pullinger von einer 72jährigen Frau aus ihrer Gemeinde berichtet, die 60 Jahre lang heroinabhängig war und als Prostituierte lebte. Sie saß gewöhnlich vor einem Bordell und wartete auf Kundschaft, während sie mit einem Stock im Rinnstein herumstocherte, damit das Wasser besser fließen konnte. Dreimal pro Tag ließ sie sich Heroin in den Rücken spritzen, weil keine Venen in Armen und Beinen mehr zu finden waren. Die Frau besaß keinen Personalausweis und existierte, soweit es die Stadtverwaltung Hongkongs anging, überhaupt nicht. Sie gehörte zu den vielen »Nichtseienden« der Stadt. Vor sieben Jahren übergab sie ihr Leben Christus und empfing Vergebung all ihrer Schuld und Sünde. Sie wurde in einem von Jackies Häusern aufgenommen, und Gott fing an, sie von innen heraus zu heilen. Im Sommer 1992 heiratete sie Little Wa, einen Mann von 75 Jahren. Für Jackie war dieses Ereignis »die Hochzeit des Jahrzehnts«. Die einstige Prostituierte konnte im weißen Kleid vor den Traualtar treten – gereinigt durch das Blut Jesu, der ihr vergeben hatte.

Jesus macht uns fähig, Vergebung nicht nur anzunehmen, sondern auch weiterzugeben. Ungeheuer viel ist auf diesem Gebiet gesündigt worden. Es heißt, daß jeder Zehnte sexuell mißbraucht wird. Wer so etwas erlebt, ist oft für sein Leben geschädigt. Freiheit fängt immer mit Vergebung an – wir empfangen Gottes Vergebung und vergeben aus Dankbarkeit unsererseits den Menschen, die gegen uns gesündigt haben.

Schlußbemerkung

Das Kernstück unserer Sexualität liegt nicht auf der biologischen Ebene, sondern auf der persönlichen. Jesus selbst weist auf einen Zustand hin, der über die Ehe hinausgeht. Im Himmel wird nicht mehr geheiratet. Und hier auf der Erde, so schreibt John Stott, selber unverheiratet,

> ist es möglich, seine sexuelle Energie in andere Bahnen zu lenken (oder, um mit S. Freud zu reden, sie zu »sublimieren«) – zum einen in herzliche Beziehungen zu Freunden beiderlei Geschlechts, zum anderen in liebevollen Dienst für andere. Scharen von alleinstehenden Christen, sowohl Männer als Frauen, können dies bestätigen. Neben einer naturgemäßen Einsamkeit, manchmal sogar von akutem Schmerz begleitet, können wir zur Freude und Erfüllung im selbstlosen Dienst für Gott und unsere Mitmenschen finden.[8]

Sex ist nicht das höchste Ziel im Leben. Wie wir am Anfang des Kapitels sahen, hat unsere Gesellschaft Sex zum Götzen gemacht. Er hat die Stelle Gottes als Gegenstand der Verehrung eingenommen. Das müssen wir schleunigst revidieren. Wenn wir dem Vergnügen wie einem Gott nachlaufen, finden wir am Ende nur Leere, Enttäuschung und Abhängigkeit. Wenn wir aber Gott suchen, finden wir, neben anderen Dingen, überschäumende Freude und Erfüllung.

ZUR WEITEREN LEKTÜRE EMPFOHLEN:

Lewis Smedes, *Sex for Christians* (Triangle SPCK)
Richard Foster, *Money, Sex and Power* (Hodder & Stoughton)
John White, *Eros Defiled* (IVP)

ANMERKUNGEN:

1. Statistik aus *The Times* (31. Mai 1989)

2. *The Times* (21. Mai 1992)
3. *Daily Mail* (9. Februar 1993)
4. Lewis Smedes, *Sex in the Real World* (Aslan), S. 122. (Neudruck unter dem Titel *Sex for Christians*.)
5. John Haskey. Vorehelicher Geschlechtsverkehr und die Wahrscheinlichkeit der Scheidung: eine Analyse unter Heranziehung neuen Zahlenmaterials aus dem »Allgemeinen Haushalts-Prüfbericht«. *Population Trends* 68 (HMSO Publications), zitiert in *The Times* (19. Juni 1992)
6. *The Times* (25. Juni 1992)
7. *The Times* (22. September 1993)
8. John Stott, *The Message of the Thessalonians* (IVP), S. 84-85

4
IN WELCHEM VERHÄLTNIS STEHT DIE NEW-AGE-BEWEGUNG ZUM CHRISTENTUM?

Die New-Age-Bewegung basiert auf einer astrologischen Theorie, nach der jedes Sternzeitalter 2000 Jahre dauert. Es wird behauptet, wir befänden uns am Übergang zwischen dem Zeitalter der Fische und dem des Wassermanns, nachdem die vergangenen 2000 Jahre im Zeichen der Fische gestanden hätten. Der Fisch ist bekanntlich das Symbol des Christentums. Es heißt, wir ständen nun kurz vor dem Eintritt ins Zeitalter des Wassermanns, symbolisiert durch den Regenbogen. Die Zeitenwende soll um das Jahr 2000 sein.

Doch bereits jetzt macht sich der Anbruch des »Neuen Zeitalters« bemerkbar. Einige Sätze aus dem Musical *Hair*, das bei seiner Uraufführung in den 60er Jahren in London ein Riesenerfolg war und vor kurzem wieder neu aufgelegt wurde, sollten uns zu denken geben:

> When the moon is in the seventh house, and Jupiter aligns with Mars,
> Then peace will guide the planets, and love will steer the stars.
> This is the dawning of the Age of Aquarius!
> Harmony and understanding, sympathy and trust aboun-

ding,
No more falsehoods or derision, golden living dreams of visions,
Mystic crystal revelation, and the mind's true liberation.
Aquarius! Aquarius! Aquarius!

(Wenn der Mond im siebten Haus ist und Jupiter mit Mars in einer Reihe steht,
Dann wird Friede die Planeten geleiten und Liebe die Sterne lenken.
Das ist der Anbruch des Wassermann-Zeitalters!
Harmonie und Verstehen, Anteilnahme und Vertrauen werden reichlich vorhanden sein,
Es wird weder Falschheit noch Hohn geben, nur goldene, lebendige Träume von Visionen,
mystische, kristallklare Offenbarung und die wahre Befreiung des Menschengeistes.
Der Wassermann! Der Wassermann! Der Wassermann!)

Das Zeitalter der Fische war das Zeitalter des Yang, der männlichen Urkraft in der chinesischen Philosophie. Das Zeitalter des Wassermanns wird das Zeitalter des Yin, der weiblichen Urkraft in der chinesischen Philosophie, sein. Das Fische-Zeitalter war von Assertion und Rationalismus geprägt. Das Wassermann-Zeitalter wird das Zeitalter der Intuition und des Spirituellen sein. Die Anhänger des New Age glauben, daß unsere wissenschaftlich, materialistisch und mechanistisch geprägte Zeitepoche zu Ende geht und die Menschheit in eine neue Zeit größerer Spiritualität und weltweiter Harmonie eintritt. In gewisser Weise ist diese Bewegung kaum weniger tief und umfassend als die Renaissance in Europa vor 500 Jahren.

Wir Bewohner der westlichen Welt leben in einer außergewöhnlichen Zeit – einer Zeit fortwährender Veränderung. Wir befinden uns mitten in einer Revolution in bezug auf unsere Denkweise und unsere Weltanschauung. Die Sichtweise und die Strukturen der Aufklärung sind ringsum am Zusammenbrechen.

Vor der Aufklärung wurde die Vernunft als Instrument des Verstandes betrachtet, das jedoch der geoffenbarten Wahrheit des Christentums, welche als absolut übernatürlich angesehen wurde, untergeordnet war. Im 17. und 18. Jahrhundert fand dann aber eine durchgreifende Veränderung in der Denkweise der Europäer statt. Im Zentrum aufklärerischen Gedankenguts standen der Gebrauch und das Hochhalten der Vernunft – jener Kraft also, durch die wir das Universum begreifen und unsere Lebensverhältnisse verbessern können. Die Aufklärung brachte enorme Fortschritte auf den Gebieten von Wissenschaft, Technik und Medizin mit sich, trug aber bereits den Keim der Selbstzerstörung in sich. Die christliche Offenbarung hatte sich von nun an der Vernunft zu unterwerfen. Während die Aufklärung nur einige wenige tangierte, war die Säkularisierung im 19. Jahrhundert für die breite Masse prägend. Doch trotz aller Veränderungen in ihrer Umwelt hielten die Viktorianer eine Gesellschaft aufrecht, die stark vom christlichen Gedankengut geprägt war und die christliche Ethik immer noch als höchste dem Menschen bekannte Autorität akzeptierte. Erst im Lauf des 20. Jahrhunderts kamen die katastrophalen Folgen dessen, was damals als Same ausgestreut und nun herangereift war, ans Tageslicht.

Heute jedoch stellen viele die Hypothesen der Aufklärung wieder in Frage. Unsere Gesellschaft kann nicht länger als säkular bezeichnet werden; seit Generationen hat es keine Zeit gegeben, die so religiös war wie die unsrige. Wir leben in einer Zeit des religiösen Pluralismus. Aus dieser Veränderung im Denken hervorgehend, lehnt die New-Age-Bewegung den Rationalismus ab. Sie hat die Leere und die Mängel von Rationalismus und Materialismus richtig erkannt und bewußt herausgestellt. Sie legt Wert auf Erfahrung und mißt der Spiritualität einen hohen Stellenwert bei, doch das ist längst nicht alles.

Was ist die New-Age-Bewegung?

Graham Cray, Rektor am »Ridley Hall Theological College« in Cambridge, hat unsere Kultur als eine »Pick-and-mix-Kultur« und die New-Age-Bewegung als einen ersten klassischen Versuch einer neuen Weltanschauung bezeichnet. »New Age« ist ein Sammelbegriff und umfaßt mehrere verschiedenartige Bewegungen mit einem scheinbar grenzenlosen Aufgebot völlig unzusammenhängender Überzeugungen und Lebensweisen. Es ist schwer zu definieren, weil es so viele verschiedene Zweige hat. Es gibt keinen Leiter, keine Organisation, keine feste Struktur und keine Zentralstelle. Es ist eine Dünung, eine unzentralisierte Bewegung mit vielen unterschiedlichen Komponenten. Man könnte bestenfalls sagen, ein New-Ager ist jemand, der die Realität in einer bestimmten Weise betrachtet und darauf reagiert. Rückblickend auf ihre jahrelange Zugehörigkeit zur New-Age-Bewegung, beschreibt Caryl Matrisciana diese in Form eines Kuchenrezepts.

> Man nehme:
> 2 Tassen Hoffnung (alle Furcht muß sorgfältig ausgesiebt werden)
> 2 Tassen Bewußtseinsveränderung (Yoga, Drogen oder Meditation, je nach Geschmack)
> je 3 Eßlöffel Selbstbewußtsein, Selbstvervollkommnung und Selbstachtung (alles Negative hat unbedingt zu verschwinden)
> 1 gehäuften Teelöffel Frieden
> 1 großen Klumpen Liebe
> je 1 reichliche Prise Humanismus, östlichen Mystizismus und Okkultismus
> 1 Handvoll Holismus (Ganzheitslehre)
> 1 Schöpfkelle mystische Erfahrung
>
> Alle Zutaten gut miteinander verrühren. In einer warmen, freundlichen Umgebung backen. Mit den reizvollsten Träu-

men füllen. Reich mit positiven Gedanken und guten Schwingungen verzieren.[1]

Beim New Age handelt es sich um ein Gemisch aus östlichem Mystizismus und okkulten Praktiken, das man mit einem westlichen, materialistischen Anstrich versehen hat. Oberflächlich betrachtet, wirkt die Sache zum Teil gut oder zumindest harmlos. Häufig tritt sie in der Gestalt von Selbstverbesserungsprogrammen, ganzheitlicher Gesundheitsfürsorge, Sorge um den Weltfrieden, ökologischer und spiritueller Erleuchtung auf. Tatsächlich finden bestimmte Elemente des New Age, wie beispielsweise die Wichtigkeit gesunder Ernährung, der Verzicht auf Drogenkonsum und die Rücksicht auf die Schöpfung, im Christentum einen Verbündeten. Trotzdem verbirgt sich unter dem Zuckerüberzug sehr häufig eine gefährliche Pille. Schon der Apostel Paulus schrieb warnend: »... der Satan selbst nimmt die Gestalt eines Engels des Lichts an« (2. Korinther 11,14).

Erstens stammen viele Lehren des New Age aus dem östlichen Mystizismus. Hinduistische und buddhistische Lehren wurden so bearbeitet, daß sie in die westliche Kultur hineinpassen. Eine ganze Reihe von Gurus hat östliches Gedankengut mit der Sehnsucht der Menschen im Westen nach Erfüllung, Ausdruck und Erleuchtung zusammengemischt. Es wird viel über TM (Transzendentale Meditation), Reinkarnation, Karma, Zen-Buddhismus, Yoga und Levitation gesprochen und gelehrt.

Zweitens ist ein starker Einfluß der Naturreligionen aus aller Welt spürbar, einschließlich des Druidentums, des indianischen Volksglaubens und der Wicca-Zauberei.

Drittens gibt es im New Age eine Reihe von Praktiken, die offenkundig okkult sind. Dazu gehören u. a. Astrologie, Horoskope, Wahrsagerei, Hellsehen, Totenbefragung, Spiritismus, Medien, Channelling, geistige Führer und Tarot-Karten – alles Dinge, die die Bibel scharf verurteilt: »Es soll unter dir niemand gefunden werden, der seinen Sohn oder seine Tochter durchs Feuer gehen läßt, keiner, der Wahrsagerei treibt, kein Zauberer oder Beschwörer oder Magier oder Bannsprecher oder Totenbeschwörer oder Wahrsager oder der die Toten befragt. Denn ein Greuel für den Herrn ist jeder, der diese Dinge tut« (5. Mose 18,10-12). Diese Warnungen werden an anderer Stelle in der Bibel wiederholt (3. Mose 19,26,31; Galater 5,20; Offenbarung 9,20-21).

Der Einfluß der New-Age-Bewegung ist kolossal. Einer Umfrage zufolge sollen 25% aller Amerikaner in irgendeine Form von New-Age-Praktiken verwickelt sein. Ja, bis ins Zentrum des Weißen Hauses konnte die Bewegung vordringen; es war bekannt, daß die ehemalige First Lady, Nancy Reagan, Rat und Weisung bei Astrologen gesucht hat. In Deutschland sollen sich Schätzungen zufolge eine halbe Million Menschen mit New Age beschäftigen. In Frankreich gibt es allein 40.000 Berufsastrologen. Auch in England gewinnt die Bewegung immer stärker an Einfluß, und zwar auf jedem Gebiet unserer Kultur. Das geht so weit, daß sogar Mitglieder der königlichen Familie New-Age-Heiler aufsuchen. Bei den allgemeinen Wahlen im Jahr 1992 erhielt die »Natural Law Party« (Naturgesetze-Partei), die u. a. für TM und »yogisches Fliegen« eintritt, genügend Stimmen, um in den meisten Wahlkreisen unseres Landes zugelassen zu werden.

New Age ist auch in die Welt von Kunst und Musik eingedrungen. Da singt beispielsweise Boy Georges Band mit dem Namen »Jesus Loves You« das Lied: »Bete Hare Krischna an.« Boy George selbst soll gesagt haben:

> Ich betrachte mich als einen, der ein starkes Gottesbewußtsein hat, aber ich habe nicht unbedingt eine klar umrissene Vorstellung von dem, was Gott ist. Ich fühle mich als freier Geist, und die Tatsache, daß Jesus existiert hat, ist weder hier noch da ... Gott ist für mich der Inbegriff totaler, bedingungsloser Liebe. Zu meinen Freunden gehören Sufis, Christen und Buddhisten. Ich respektiere jeden mit seinem Glauben, und wenn ich ihre Tempel besuche, beuge ich mich nieder. Ich glaube, es gibt da oben irgendeine Kraft, die

uns Schritt für Schritt einander näherbringt. Ich kann es nicht so gut erklären, aber das ist mein Gefühl.[2]

Terence Trent D'Arby behauptet, der verstorbene Marvin Gaye diktiere ihm Lieder vom Himmel her; er ist das, was die New-Age-Anhänger einen »Channel« nennen.[3]

Fast alle Buchhandlungen verfügen heute über große Abteilungen mit New-Age-Literatur. Die von der Hellseherin Betty Shine, die sich auch als Medium und Geistheilerin betätigt, geschriebenen Bücher *Mind to Mind* (erschienen 1989) und *Mind Magic* (1991) waren innerhalb kürzester Zeit Bestseller und konnten sich insgesamt 19 Wochen lang auf der »Top-Ten«-Liste der *Sunday Times* halten.

Auch der internationale Kapitalismus ist von New Age betroffen. Immer mehr Firmen unterstützen und fördern TM und auf New-Age-Gedankengut basierende Fortbildungskurse. Manche Finanzhäuser beschäftigen eigene Astrologen und setzen auch andere New-Age-Techniken ein, um ihre Produktivität zu erhöhen. In die medizinischen Berufe dringt die Bewegung ebenfalls mehr und mehr ein. Bei einer Umfrage wurde festgestellt, daß 700 Ärzte in England TM praktizieren und ihren Patienten diese Technik ebenfalls empfehlen. Alternative Heilmittel, die manchmal New-Age-Praktiken beinhalten, kommen immer mehr in Mode.

Die jungen Leute wachsen in einer Umgebung auf, die stark vom »Neuen Denken« beeinflußt ist. Im Kino und auf Video gibt es offenkundig okkulte Filme und daneben solche, die subtil vom New Age unterwandert sind. Die Computerspiele sind oft voll von Anspielungen auf magische und okkulte Themen. Viele Spielsachen und Unterhaltungsspiele wie »Dungeons and Dragons« sowie eine Reihe von Fernsehprogrammen sind stark vom New-Age-Denken geprägt. Sogar unsere Schulen können sich dem nicht entziehen. *The Times* berichtete von einer Schule in Lancashire, an der TM gelehrt wird, und zwar nach dem Muster ähnlicher Schulen in den USA. Kinder von 10 Jahren an und darüber beginnen ihren Schulalltag, indem sie ihre Augen schließen und ihre Mantras (religiöse Formeln der Inder) aufsagen. Bilder vom Maharishi Mahash Yogi hängen an den Wänden. TM ist Teil eines völlig neuen Lernsystems unter der Bezeichnung »United Field Education System«. Ein Vertreter des New Age, John Dunphy, schreibt, er sei davon überzeugt, daß »der Kampf um die Zukunft der Menschheit im ... Klassenzimmer geführt und gewonnen werden muß, und zwar von Lehrkräften, die ihre Rolle als Proselytenmacher eines neuen Glaubens richtig begreifen ... Das Klassenzimmer muß und wird zu einem Kampfschauplatz zwischen dem Alten und dem Neuen werden – dem verwesenden Leichnam des Christentums ... und dem neuen Glauben des Humanismus.«[4]

Selbst die Kirche ist gegen das »Neue Zeitalter« nicht immun. Eine Kirche im Zentrum von London stellt ihre Räumlichkeiten für Seminare und Vorträge zur Verfügung, in denen New-Age-Praktiken wie Schamanismus, planetarische Heilung und Chakra-Tanz bewußt propagiert werden.

Woran glaubt die New-Age-Bewegung?

Die New-Age-Bewegung ist so unterschiedlich, daß man ihre Glaubensüberzeugungen nur sehr schwer zusammenfassen kann. John Stott beschreibt sie in, was er »drei Kernsprüche« nennt: »Alles ist Gott«, »Alles ist eins« und »Alles ist gut«.[5]

Der erste dieser Kernsprüche, »Alles ist Gott«, ist allgemein als Pantheismus bekannt. Gott ist in allem. Er ist depersonalisiert. Er ist eine unpersönliche Energie, eine kreative Macht. Eine göttliche Kraft fließt durch die gesamte Schöpfung – Bäume, Tiere, Steine und Menschen. In vielen Strömungen des New-Age-Gedankenguts besteht kein Unterschied zwischen dem Schöpfer und seinem Geschöpf. Die Erde ist göttlich, genau wie die Sterne und die Planeten. Das führt zurück zu der heidnischen Verehrung von »Mutter Erde« und zu der Überzeugung, daß Sterne und Planeten, ja sogar Kristalle Macht und Einfluß auf den Menschen ausüben.

In der New-Age-Bewegung gibt es keinen Gott außerhalb seiner Schöpfung. Gott ist in jedem von uns, und jeder von uns ist ein Teil Gottes – oder, wie Shirley MacLaine, prominente Vertreterin der Bewegung, es ausdrückt: »Jedermann ist Gott. Jedermann.« Wer Gott finden will, muß in sein Inneres hineinschauen. Deshalb trägt auch eins ihrer Bücher den Titel *Going Within* (»Nach innen gehen«). Swami Muktananda sagt: »Knie vor deinem Selbst nieder. Verehre deine eigene Person und bete sie an. Gott wohnt als du selbst in dir.« Hier erfüllt sich, was G.K. Chesterton bereits 1908 in seinem Buch *Orthodoxy* beschrieben hat: »Von allen erdenklichen Formen der Erleuchtung ist die schlimmste diejenige, die ... Menschen das ›innere Licht‹ nennen. Von allen schrecklichen Religionen ist der ›Gott im Innern‹ die allerschrecklichste. Daß Jones den Gott in seinem Innern anbeten soll, bedeutet letztendlich, daß Jones Jones – d. h. sich selbst – anbeten soll.« Die Menschheit ist wieder einmal auf die Ur-Verführung hereingefallen: »Ihr werdet sein wie Gott« (1. Mose 3,5).

Obwohl sehr viel von Mitleid und Liebe geredet wird, ist die Bewegung äußerst egozentrisch. Der Ausgangspunkt für Veränderung (vielleicht sogar mit dem Ziel, auf lange Sicht wirklich einmal anderen zu helfen) ist die Entfaltung des Ichs. Die Verehrung des Ichs wird offenbar in Büchern und Kursen über Selbstverwirklichung, Selbsterfüllung, Selbsthilfe, Selbstvertrauen, Selbstvervollkommnung, Selbstwertgefühle, Selbstachtung und Selbstliebe. Das höchste Ziel besteht darin, für sich persönlich Glück, Befriedigung und Erfolg zu finden. Zu sich selbst zu finden, heißt, Gott zu finden.

Hier handelt es sich natürlich um einen offenen Angriff auf die Selbstverleugnungslehre, die ein wesentlicher Bestandteil wahren Christentums ist. New Age steht im krassen Gegensatz zu den Lehren des Neuen Testaments, wo uns der Weg zur Erfüllung in der Liebe und im Dienst eines persönlichen Gottes und in der Liebe und im Dienst an anderen gezeigt wird. Wahre Erfüllung liegt nicht in der Selbstverehrung, sondern in der Selbstverleugnung, wie sie uns aufs höchste im Leben, im Tod und in der Auferstehung Jesu Christi vor Augen gestellt wird.

Der zweite Kernspruch lautet: »Alles ist eins« – in der philosophischen Fachsprache Monismus genannt. Das New Age ist von seinem Wesen her synkretistisch. Es versucht, Gegensätze in Einklang zu bringen und eine Synthese aller Religionen zu erreichen. Dabei bleibt vieles vom konventionellen Christentum auf der Strecke, weil es als unbeweglich, starr und mit Scheuklappen versehen betrachtet wird.

Die Bewegung lehnt feste moralische Größen ab. »Sünde« ist kein populäres Wort im New Age. Unser Problem ist ja nicht die Sünde, sondern lediglich die Unwissenheit in bezug auf unser wahres Selbst und auf das in uns ruhende Potential. Die Lösung unserer Probleme kommt durch Erleuchtung, spirituelle Offenbarung und Erziehung. Für manche gibt es keinen objektiven Maßstab dessen, was richtig oder falsch ist. Wie ein indischer Weiser einmal gegenüber Caryl Matrisciana äußerte: »Die Frage ist nicht, ob man gut oder böse ist ... Gut und Böse sind relativ. Sie sind die beiden Seiten einer Medaille, Teil ein und desselben Ganzen.«[6]

In ähnlichem Ton schreibt Carl Frederick: »Du bist das höchste Wesen ... es gibt weder Recht noch Unrecht« (*Playing the Game the New Way*). Die Philosophie von Shirley MacLaine und vielen anderen Vertretern des New Age läßt sich in einem Satz zusammenfassen: »Wenn du es für gut hältst, tu es.« Das New Age bietet die Attraktion einer Spiritualität ohne den Preis der Buße. Manche nennen es deshalb »Hippie-Werte für einen Yuppie-Lebensstil«.

Führung kommt von innen. Daher setzen sich viele für Abtreibung, Homosexualität und Promiskuität ein. Ryan und Travis schreiben im *Wellness Work Book*:

> Wenn die Liebe also etwas so Natürliches ist wie das Atmen, Essen, Arbeiten oder Spielen, ist sie genau so natürlich wie

> der Sex. Überdies, wenn die Liebe unser »lebenserhaltendes System« wird, dann wird jede Entscheidung, die wir treffen, Sex eingeschlossen, von ihr gelenkt sein. Wir werden uns vornehmen, miteinander Sex zu haben, wenn das unsere Erfahrung der Vereinigung mit allem Seienden fördert.

Da unser Problem nicht die Sünde, sondern die Unwissenheit ist, kann es folglich auch kein Gericht geben (auch das ist ein höchst unbeliebtes Wort im New Age). Im Gegensatz zum christlichen Standpunkt, daß es »den Menschen gesetzt ist, *einmal* zu sterben, danach aber das Gericht« (Hebräer 9,27), wird im New Age fast durchgängig von der Reinkarnation gesprochen. Nicht immer wird diese als kosmische Gerechtigkeit gelehrt, wo man entweder auf- oder absteigt, je nachdem, ob man gut oder böse gewesen ist. Vielmehr entwickelt sich jeder Mensch immer weiter und höher hinauf und geht seiner absoluten spirituellen Erleuchtung und Vollkommenheit entgegen. Ein weiterer klarer Beweis dafür, daß man der Lüge Satans auf den Leim gegangen ist: »Keineswegs werdet ihr sterben« (1. Mose 3,4).

Der Monismus (»Alles ist eins«) wird in einigen Teilen der New-Age-Bewegung so weit getrieben, daß man keinen Unterschied mehr macht zwischen Gott und Satan. Da sowieso alles eins ist, werden manche am Ende zu Teufelsanbetern. Luzifer persönlich wird tatsächlich in manchen Strömungen der Bewegung angebetet.

Der dritte Kernspruch, mit dem John Stott die Überzeugungen des New Age zusammenfaßt, lautet: »Alles ist gut.« Überall herrscht ein gewaltiger Optimismus. Wir entwickeln uns immer weiter in Richtung »Utopia« (Traumland, wo ein gesellschaftlicher Idealzustand herrscht). Viele sind der Meinung, wir würden bald eine neue Weltordnung und eine neue Weltreligion bekommen. Manche glauben sogar, daß es auch eine neue Weltregierung geben wird und daß dieses neue Utopia von einem Weltenlehrer eingeführt wird, der für die wirtschaftliche und religiöse Einheit sorgt.

Am Samstag, dem 24. April 1982, erschienen in vielen großen Tageszeitungen weltweit ganzseitige Anzeigen unter der Überschrift »Christus ist jetzt hier«. Darunter stand zu lesen:

> Wie die Christen auf die Wiederkunft Jesu warten, so warten die Juden auf den Messias, die Buddhisten auf den fünften Buddha, die Moslems auf den Imam Mahdi und die Hindus auf Krischna. Alle diese Namen beziehen sich auf ein und dieselbe Person. Seine Anwesenheit auf der Welt ist die Garantie, daß es keinen Dritten Weltkrieg geben wird ... Er hat seine wahre Stellung bis jetzt noch nicht bekanntgemacht, und der Ort, an dem er sich aufhält, ist nur einigen wenigen seiner Anhänger bekannt. Einer von diesen hat nun angekündigt, daß der Christus sich bald zu seiner wahren Identität bekennen und innerhalb der nächsten zwei Monate durch eine weltweite Fernseh- und Radiosendung zu den Menschen sprechen wird. Seine Botschaft wird im Innern vernommen werden, auf telepathischem Wege, und zwar von jedem in seiner eigenen Sprache. Von jenem Zeitpunkt an werden wir mit seiner Hilfe eine neue Welt aufbauen.

Die Person, die sich hinter dieser Sache verbarg, war, wie sich herausstellte, ein Mann namens Benjamin Crane. Heute, über ein Jahrzehnt später, ist das, was damals angekündigt wurde, noch immer nicht in Erfüllung gegangen.

Jesus hat deutlich vor solchen Behauptungen gewarnt, als er sagte:

Denn es werden falsche Christi und falsche Propheten aufstehen und werden große Zeichen und Wunder tun, um so, wenn möglich, auch die Auserwählten zu verführen. Siehe, ich habe es euch vorhergesagt. Wenn sie nun zu euch sagen: Siehe, er ist in der Wüste! so geht nicht hinaus. Siehe, in den Gemächern! so glaubt es nicht. Denn wie der Blitz ausfährt von Osten und bis nach Westen leuchtet, so wird die Ankunft des Sohnes des Menschen sein (Matthäus 24,24-27).

Was ist an der New-Age-Bewegung verkehrt?

Die New-Age-Bewegung hat recht, wenn sie den vorherrschenden Materialismus und Rationalismus in Frage stellt. Sie hat recht, wenn sie die Wichtigkeit von Erfahrungen unterstreicht und dem Geistlichen einen hohen Stellenwert beimißt. Sie hat recht, wenn sie den Nachdruck auf Mitleid, Liebe und Einheit legt. Millionen von New-Age-Anhängern befinden sich insofern auf der richtigen Fährte, als sie ernsthaft auf der Suche nach geistlicher Realität sind. Doch alles, was da so nachdrücklich betont wird, bleibt weit hinter den herrlichen Wahrheiten des Christentums zurück.

Man wirft uns Christen oft zu Recht vor, daß wir in unseren Kirchen eine Form des Christseins präsentieren, die hierarchisch, starr und engstirnig wirkt. Wir können gut mit David Icke mitfühlen, wenn er schreibt: »Ich empfinde, daß die traditionelle Kirche als Organisation die Welt durch ihre starren Dogmen, ihre Unnachgiebigkeit und Strenge bitter enttäuscht hat.«[7]

Was hier helfen kann, ist jedoch nicht die Ablehnung des Christentums, sondern eine Rückbesinnung auf die wesentlichen Inhalte des christlichen Glaubens. Betrachten wir diese, dann erkennen wir, wie weit die New-Age-Bewegung hinter der wunderbaren Wahrheit des dreieinigen Gottes, dem Zentrum des christlichen Glaubens, zurückbleibt.

Erstens reicht sie nicht im entferntesten an die Wahrheit von Gott, dem Vater, heran. Gott ist keine unpersönliche, abstrakte Macht, sondern er ist eine Person, der Schöpfer des gesamten Universums. Und obwohl er transzendent (d. h. die Grenzen der Erfahrung und der sinnlich erkennbaren Welt überschreitend) ist, ist er doch immanent (d. h. innewohnend). Er möchte mit uns Menschen in Beziehung treten. Wir können mit ihm reden, und er redet zu uns. Er ist ein Vater, der uns liebhat, und wir sind aufgerufen, auf seine Liebe zu reagieren, indem wir ihn und unsere Geschwister ebenfalls lieben. Das sind die wunderbaren Wahrheiten, auf die unsere christliche Kultur aufgebaut ist. Die New-Age-Bewegung möchte uns zurück ins Heidentum führen, und Paulus warnt ganz klar vor solchen, »welche die Wahrheit Gottes in die Lüge verwandelt und dem Geschöpf Verehrung und Dienst (oder: Gottesdienst) dargebracht haben statt dem Schöpfer ...« (Römer 1,25).

Wir sind dazu geschaffen, in einer Beziehung zu leben, die die Liebe und Verehrung Gottes einschließt. Der Kirchenvater Augustinus hat es so ausgedrückt: »Du hast uns für dich selbst erschaffen, und unser Herz ist unruhig, bis es ruht, o Gott, in dir.« Deshalb herrscht eine solche Ruhelosigkeit in der New-Age-Bewegung. Ständig ist man auf der Suche nach einem illusorischen Frieden. Shirley MacLaine schreibt: »Wenn ich Leute frage, was sie für sich persönlich und für die Welt am meisten wünschen, bekomme ich fast immer die gleiche Antwort – Frieden.«[8] Dabei hat sie selber ihn offensichtlich auch nicht gefunden. Nach jeder neuen Erfahrung spricht sie zwar zunächst von einem wunderbaren Frieden, der sie schlafen läßt »wie seit Jahren nicht mehr«, ist aber innerhalb kurzer Zeit bereits wieder auf der Suche nach irgendeiner neuen Erfahrung, weil der »Friede« von kurzer Dauer ist – ein wahrhaft trügerischer Friede.

Eine Frau aus unserer Gemeinde, die ungefähr drei Jahre lang mit der New-Age-Bewegung zu tun hatte, berichtete mir, wie sie anfangs ein Gefühl persönlichen Wachstums erlebt habe und darauf getrimmt worden sei, »die Regeln zu übertreten«. Doch bald habe sie feststellen müssen, daß sie sich in einem Gefängnis befand.

> Ich war wie ein Schaf, das zur Schlachtbank geführt wird. Es war, als wäre ich drogenabhängig. Ständig war ich auf der Suche nach größeren Erfahrungen. Ich besuchte immer teurere Kurse. Es kam mir vor, als sei ich im Begriff, den Verstand zu verlieren. Man sitzt plötzlich fest und weiß nicht, warum – an einer Stelle, wo man keine Beziehung mehr zu seiner Umwelt hat. Ich wurde von allem weggeführt, was gut und heilsam ist. Man weiß überhaupt nicht, ob und wann man wieder normal wird.

Diese Frau hat dann schließlich Erfüllung, Frieden und Heilung in einer Beziehung zu Gott, dem Vater, gefunden, der allein wahren, bleibenden Frieden geben kann.

Zweitens reicht die New-Age-Bewegung nicht im entferntesten an die Wahrheit über Gott, den Sohn, heran. Jesus wird lediglich als einer der zum Himmel aufgestiegenen Meister betrachtet – in einer Reihe mit Buddha, Krischna und anderen. Es gibt eine Fülle von merkwürdigen Umschreibungen der neutestamentlichen Evangelienberichte. In ihrem Buch *Going Within* behauptet Shirley Maclaine, Jesus sei ein Mitglied der Essener-Sekte gewesen, deren »Lehren, Prinzipien, Wertvorstellungen und Lebensprioritäten denen des sogenannten New Age unserer Tage sehr ähnlich waren ... Christus hat demonstriert, was wir heute als Präkognition (außersinnliche Wahrnehmung, Vorauswissen zukünftiger Vorgänge) ... Levitation, Telepathie und okkultes Heilen bezeichnen würden.«[9]

David Icke behauptet, Jesus sei zwischen seinem 12. und 30. Lebensjahr »weit gereist, und zwar bis nach Indien, Griechenland, Türkei, Ägypten, Frankreich und England ... Einmal mußte er sich selbst heilen, als er an Tuberkulose erkrankt war.« Laut Icke waren Jesu Jünger »allesamt planetarische Devas«. Nach seinem Kreuzestod »begruben Freunde seinen Leichnam in einem Keller, und man hat ihn nie wiedergefunden.«[10] Selbstverständlich gibt es nicht den kleinsten historischen Beweis, um Shirley MacLaines bzw. David Ickes absurde Spekulationen zu stützen.

Ganz extrem wurde es, als Bhagwan Shree Rajneesh eine Stadt in Amerika kaufte und dort seinen persönlichen Ashram gründete, wo seine Jünger aus dem Westen ihre Erleuchtungs-Therapie durchmachten, deren Schwerpunkt auf Sex, Drogen und Gewalt lag. Der Reingewinn des Bhagwans bestand in einer Garage voller Rolls Royce – insgesamt 93 Stück. Jesus war reich, aber er wurde arm um unsertwillen, damit wir durch seine Armut reich würden. Der Bhagwan war arm, aber er wurde reich und brachte dadurch viele andere an den Bettelstab.

Bei dem Versuch der New-Age-Vertreter, Jesus irgendwo in ihrem Denken unterzubringen, gehen sie an der herrlichen Wahrheit vorbei, die Jesus Christus selber verkündet hat, nämlich daß er »der Weg und die Wahrheit und das Leben« ist (Johannes 14,6). Er war und ist Gott, und er wurde Mensch, um uns die Erlösung zu bringen. In seiner großen Liebe starb Jesus für uns am Kreuz, um uns von Schuld, Abhängigkeit, Furcht und Tod zu befreien. Durch Jesu Tod können wir Vergebung erlangen und zu Freunden Gottes werden, der uns die Erfahrung seiner Liebe und die Kraft zur Veränderung schenkt. Dadurch werden wir frei, auch andere Menschen zu lieben, ihnen zu dienen und Jesus immer ähnlicher zu werden. Dies sind wesentliche Bestandteile des biblischen Heilsverständnisses. Die Erlösung können wir uns niemals durch Leistung selber verdienen; sie wird uns umsonst von Gott geschenkt. Die einzige Erlösung, die das New Age kennt, ist die Selbsterlösung, und die einzige Vergebung die Selbstvergebung. In dem Buch *A Course in Miracles* (»Ein Kurs in Wundern«)[11], einem typischen Handbuch, wie es von vielen in der Bewegung als tägliches »Andachtsbuch« benutzt wird, lautet die Überschrift von Lektion 70: »Meine Erlösung kommt von mir. Sie kann nirgends sonst herkommen.« Im völligen Gegensatz dazu steht die biblische Aussage, daß Jesus der einzige Weg zum Heil, zur Erlösung ist (Apostelgeschichte 4,12). Diese wunderbare Nachricht hat die New-Age-Bewegung nicht begriffen.

Weiter fehlt ihr die frohe Botschaft von der Auferstehung Jesu. Michael Green schreibt:

> Unser Schicksal liegt nicht in dem Durchlaufen vieler Reinkarnationen zur Läuterung, bis alles Anstößige aus unserem Leben dahingeschmolzen ist. Wir sind vielmehr dazu bestimmt, nach unserem Tod an dem Auferstehungsleben teilzuhaben, dessen Unterpfand der Jesus von Ostern ist. »Abzuscheiden und bei Christus zu sein, denn es ist weit besser.«
>
> »Wir werden ihm gleich sein, denn wir werden ihn sehen, wie er ist.« Das ist die Überzeugung derer, die Jesus kennen-

> gelernt haben. Können wir das glauben? Nicht Reinkarnation auf der Basis des *Karma*, sondern die Auferstehung auf der Grundlage von Jesu Kreuz und Auferstehung – ein Hinweis auf unsere Vergebung und unser zukünftiges Schicksal. Eine völlig unterschiedliche Weltanschauung. Sie fordert uns heraus, uns bewußt zu entscheiden.[12]

Drittens reicht das New Age nicht im entferntesten an die Wahrheit über Gott, den Heiligen Geist, heran. Im New Age sehen wir ein Streben nach geistiger Kraft, spirituellen Erfahrungen und Lebensveränderung. Es gibt keine größere geistliche Kraft als die Kraft des Heiligen Geistes; keine wichtigere Erfahrung als die Fülle des Heiligen Geistes und keine wirksamere Kraft, unser Leben zu verändern. Das New Age sucht die Transformation durch Bewußtseinsveränderung, Yoga, TM, Visualisierung, die sieben Chakras, das Rad der Wiedergeburten oder Astralreisen herbeizuführen. Es liegt zweifelsohne eine Macht in diesen Dingen, aber sie ist nicht mit der Kraft des Heiligen Geistes zu vergleichen. Und selbst wenn es am Anfang oft harmlos aussieht, kann die Teilnahme an bestimmten New-Age-Praktiken dazu führen, daß man sich für böse Mächte öffnet, die nicht in die Freiheit führen, sondern die Menschen nur beherrschen wollen.

Eine Frau erzählte mir, sie habe es mit Buddhismus, Zen, Hinduismus, TM, Okkultismus und allen möglichen anderen New-Age-Praktiken versucht. Eines Tages bekam sie Jackie Pullingers Buch in die Hand, in dem sie von ihrer Arbeit unter den Drogenabhängigen in Hongkong berichtet. Diese Frau reiste selbst nach Hongkong und sah dort mit eigenen Augen, wie Menschen durch die Kraft des Heiligen Geistes geheilt und von Drogen frei wurden. Sie sah das neue Leben, die Liebe, die Freude und den Frieden, die der Heilige Geist den Menschen schenkte. Ich fragte sie, worin denn der Unterschied zwischen diesen Dingen und ihren im New Age gemachten Erfahrungen liege. Sie erklärte mir, sie habe bei beiden echte Kraft gesehen, und fügte dann hinzu: »Die eine Kraft, die des New Age, bedeutet, sich für ein Leben außerhalb der

Gesellschaft zu entscheiden. Die Kraft des Heiligen Geistes dagegen bedeutet, sich neu für ein Leben innerhalb der Gesellschaft zu entscheiden. Nur der Heilige Geist kann Menschenleben wirklich verändern.«

Interessant ist, daß gerade in der Zeit einer gewaltigen Ausgießung der Kraft und Gaben des Heiligen Geistes innerhalb der Gemeinde Jesu (die um die Jahrhundertwende begann) wir so etwas wie eine satanische Nachahmung dieser Dinge sehen (die kurze Zeit später begann). Was Satan nicht nachmachen kann, ist Heiligkeit. Der Heilige Geist verändert Christen in das Bild Jesu Christi (2. Korinther 3,18). Die Frucht des Geistes ist Liebe, Freude, Friede, Geduld, Freundlichkeit, Güte, Treue, Sanftmut und Selbstbeherrschung (Galater 5,22).

Was sollen wir tun?

Zunächst gilt es, in zweierlei Hinsicht Buße zu tun. Wenn wir uns in irgendeiner Form mit New-Age-Praktiken eingelassen haben, auch wenn es unwissentlich geschehen sein sollte, müssen wir einsehen, daß wir verkehrt gehandelt haben, Gott um Vergebung bitten und uns bewußt von diesen Dingen abwenden. Wir müssen zu Jesus Christus kommen, der am Kreuz für uns gestorben ist, damit wir Vergebung erlangen. Und wir müssen den Heiligen Geist bitten, in uns Wohnung zu nehmen. Auf der anderen Seite müssen wir, die wir zur Gemeinde Jesu gehören, Buße tun über unsere Starrheit, unseren Rationalismus und unser Versagen, das Christentum für die Kultur, in der wir leben, relevant zu machen. Zudem sollten wir einsehen, daß das New-Age-Denken unsere eigenen vorgefaßten Meinungen gründlich in Frage gestellt hat. Das Interesse an ganzheitlicher Medizin z. B. bringt uns in gewissem Sinn zum wahren christlichen Verständnis der Ganzheitlichkeit des Menschen zurück – anstatt in ihm ein Wesen zu sehen, bei dem Körper und Seele scharf voneinander getrennt sind.

Zweitens gilt es, uns mit der Wahrheit vollzusaugen. Der Apostel Paulus ermahnt uns: »Seht zu, daß niemand euch einfange durch die Philosophie und leeren Betrug« (Kolosser 2,8). Und an Timotheus schreibt er:

> Denn es wird die Zeit kommen, da sie die gesunde Lehre nicht ertragen, sondern nach ihren eigenen Lüsten sich selbst Lehrer aufhäufen werden, weil es ihnen in den Ohren kitzelt; und sie werden die Ohren von der Wahrheit abkehren und sich zu den Fabeln hinwenden. Du aber sei nüchtern in allem ...« (2. Timotheus 4,3-5).

Wir brauchen nicht sämtliche New-Age-Bücher zu lesen. Am besten erkennt man eine Fälschung dann, wenn man mit dem Echten vertraut ist. Caryl Matrisciana wendet in diesem Zusammenhang einen hilfreichen Vergleich an:

> »Meine Mutter arbeitet jetzt schon über ein Jahr bei der Bank«, erzählte mir meine Freundin Chris. »Und sie erhält dort die *erstaunlichste* Ausbildung.«
>
> »Was meinst du damit?«
>
> »Sie lernt alles über Geld.«
>
> »Logisch, daß sie über Geld Bescheid wissen muß, wenn sie auf der Bank arbeitet!« sagte ich lachend.
>
> Chris lächelte. »Ich meine, sie lernt *wirklich*, über Geld Bescheid zu wissen. Man bringt ihr bei, die Farbe jeder Banknote auswendig zu kennen, die Größe und sogar das Wasserzeichen. Man weist sie auf alle Einzelheiten der verwendeten Tinte und des Papiers hin.«
>
> »Und *wie* bringt man ihr das bei?«
>
> »Man läßt sie einfach damit hantieren. Man weist sie natürlich auf all die verschiedenen Dinge hin, die sie sich merken muß. Aber eines weiß man ganz genau: Je mehr sie mit dem Geld arbeitet, es befühlt, zählt und aufstapelt, um so besser lernt sie es kennen.«
>
> »Das leuchtet ein. Aber welchen Zweck verfolgt man damit?«
>
> »Das will ich dir verraten. Gestern hat man ihr die Augen verbunden. Dann hat man einige Falschgeldscheine in ihrem Stapel versteckt. Und sie hat sie tatsächlich entdeckt – allein durch Fühlen!«

»Hat sie sich denn auch intensiv mit Falschgeld beschäftigen müssen?«

»Nein – das ist ja gerade der springende Punkt. Man weiß bei der Bank ganz genau, daß es nicht notwendig ist, sich mit Falschgeld zu befassen.«

»Ach so. Aber sie geben sich doch anscheinend sehr große Mühe, oder?«

»Eigentlich nicht. Die Bankleute wissen, daß die Fälschungen immer besser werden und die Fälscher immer raffinierter. Und es hat sich tausendfach bewiesen, daß *ein Schalterbeamter, der das echte Geld wirklich gut kennt, gewöhnlich nicht auf irgendwelche Fälschungen hereinfällt.*«[13]

Zum dritten sollten wir denen, die im New Age verstrickt sind, die gute Nachricht von Jesus bringen. Im großen und ganzen handelt es sich nämlich um Menschen, die einfach auf der Suche nach Wahrheit sind. Sie haben erkannt, daß der Materialismus nicht zufriedenstellt. Sie merken auch, daß der Vernunft Grenzen gesetzt sind. Nun suchen sie nach übernatürlichen Erfahrungen. Wir sollten ihnen durch unser Leben die übernatürliche Kraft des dreieinigen Gottes demonstrieren – die Kraft des Vaters, des Sohnes und des Heiligen Geistes.

ZUR WEITEREN LEKTÜRE EMPFOHLEN:

Caryl Matrisciana, *Gods of the New Age* (Marshall Pickering, 1985)

Michael Green, *The Dawn of the New Age* (Darton, Longman & Todd Ltd.)

ANMERKUNGEN:

1. Caryl Matrisciana, *Gods of the New Age* (Marshall Pickering, 1985), S. 15
2. Boy George, *The Independent* (Dienstag, 15. September 1992)
3. Steve Turner, *The Times* (6. Juli 1990)

4. Zitat aus Caryl Matriscianas Buch *Gods of the New Age* (Marshall Pickering, 1985), S. 171
5. John Stott, »Conflicting Gospels«, CEN (8. Dezember 1989), S. 6
6. Caryl Matrisciana, *a.a.O.*, S. 81
7. David Icke, *The Truth Vibrations* (The Aquarian Press, Harper Collins, 1991), S. 20
8. Shirley MacLaine, *Going Within* (Bantam Press, 1989), S. 30
9. *Ibd.*, S. 180-181
10. David Icke, *a.a.O.*, S. 115-117
11. *A Course in Miracles* (Penguin, 1975)
12. Michael Green, *The Dawn of the New Age* (Darton, Longman & Todd Ltd., 1992, 1993), S. 86
13. Caryl Matrisciana, *a.a.O.*, S. 220

5
WIE STELLT SICH DAS CHRISTENTUM ZUR HOMOSEXUALITÄT?

Die Bibel berichtet von der Liebe Gottes zu allen Menschen. Gott liebt jeden, ungeachtet seiner Rasse, Hautfarbe, Herkunft oder sexuellen Neigung. Wenn wir uns in diesem Kapitel mit dem Thema Homosexualität beschäftigen, dann bin ich mir durchaus der Not bewußt, die viele Menschen auf diesem Gebiet haben. Jesus kam nicht, um uns zu verdammen, sondern uns zu retten (Johannes 3,17). So müssen auch wir als christliche Gemeinden Feingefühl und Verständnis denen gegenüber beweisen, für die ihre homosexuelle Neigung einen täglichen Kampf bedeutet, und ihnen versichern, daß Gott sie liebt.

Ein Mensch mit einer homosexuellen Neigung ist jemand, der sich sexuell lieber mit einer Person des eigenen Geschlechts abgibt. Bei einer Umfrage unter weißen männlichen Amerikanern mit dem Titel »Sexuelles Verhalten des Mannes« hat Alfred C. Kinsey im Jahre 1948 festgestellt, daß 4% der von ihm befragten Männer ausschließlich homosexuell waren, 10% sich bis zu drei Jahre lang homosexuell betätigt hatten und 37% irgendwann zwischen Jugend und Alter homosexuelle Erfahrungen gemacht hatten. Diese als »Kinsey-Report« bekanntgewordene Studie führte zu der weitverbreiteten Annahme, daß etwa ein Zehntel der amerikanischen Bevölkerung homosexuell sei. Bei einer nationalen Studie zum Thema

»Sexuelles Verhalten und Aids in Großbritannien«, die im Jahre 1993 von der HMSO (Britische Staatsdruckerei) veröffentlicht wurde, stellte sich jedoch heraus, daß lediglich 6% der befragten Männer sexuelle Erfahrungen mit einem anderen Mann gemacht hatten. Nur 3,6% hatten analen Geschlechtsverkehr mit einem anderen Mann gehabt. Von dieser letzten Gruppe hatten zwei Drittel zudem auch mit einer Frau Geschlechtsverkehr gehabt.[1] Unter Frauen ist homosexuelles Verhalten noch weniger verbreitet.

Die Ergebnisse in Großbritannien stimmen mit einer neuen amerikanischen Studie über sexuelles Verhalten bei Männern überein – der sorgfältigsten Untersuchung in den USA seit dem Kinsey-Report. Diese vom Alan Guttmacher-Institut durchgeführte Umfrage zeigt, daß lediglich 1% der amerikanischen Männer sich als ausschließlich homosexuell betrachten, obwohl 2% einräumen, sich irgendwann homosexuell betätigt zu haben. Dies steht in krassem Gegensatz zu der weitverbreiteten Annahme, daß homosexuelles Verhalten praktisch normal sei. Trotzdem sind genügend Menschen von dieser Sache betroffen, um immer wieder die Frage nach der christlichen Einstellung gegenüber der Homosexualität laut werden zu lassen.

Aus der Geschichte wissen wir, daß Menschen mit einer homosexuellen Neigung häufig »der Unterdrükkung, dem Unmut, der Feindseligkeit und dem Spott« ausgesetzt waren.[2] Aids wird von manchen als »gerechte Strafe« für die Homosexualität empfunden. Auf der anderen Seite wird von der Schwulen-Befreiungsbewegung außerhalb und innerhalb der christlichen Kirche »die Ansicht propagiert, bei der Homosexualität handle es sich lediglich um eine natürliche Variante der menschlichen Sexualität – genauso natürlich wie rote Haare oder Linkshändertum –, die man bejahen und über die man sich freuen solle und deren Ausdruck in liebevoller körperlich-sexueller Betätigung sehr wohl in Einklang mit Gottes Plan und Willen steht.«[3]

Gibt es nun eine richtige christliche Einstellung zur Homosexualität? Kommen homosexuelle Praktiken für einen Christen überhaupt in Frage? Ist Aids als Strafe Gottes für homosexuelles Verhalten anzusehen? Läßt sich eine homosexuelle Neigung ändern, und ist eine solche Veränderung überhaupt wünschenswert? Wie sollten wir uns gegenüber Menschen mit einer homosexuellen Neigung verhalten? Alles Fragen, die häufig gestellt werden, weshalb ich versuchen will, in dem vorliegenden Kapitel näher darauf einzugehen.

Kommen homosexuelle Praktiken für einen Christen in Frage?

In Kapitel 3 haben wir die biblische Auffassung über den Geschlechtsverkehr beleuchtet. Wir haben gesehen, daß Gott die Sexualität zu unserer Freude geschaffen hat und die Bibel ihr gegenüber einen durchaus positiven und befreienden Standpunkt vertritt. Wir haben auch gesehen, daß Gott den Geschlechtsverkehr in den Zusammenhang einer lebenslangen Verpflichtung (in der Ehe) zwischen einem Mann und einer Frau gestellt hat (1. Mose 2,24). Unser Körper ist nicht für homosexuellen Verkehr geschaffen. Diese Auffassung über Ehe und Sexualität, die von Jesus ausdrücklich zitiert und bestätigt wurde, schließt jede sexuelle Betätigung außerhalb der Ehe aus, egal ob heterosexueller oder homosexueller Art. Es gibt nicht sehr viele Hinweise auf homosexuelle Praktiken in der Bibel, aber die wenigen, die wir dort finden, sind ausnahmslos negativ. Zweimal wird die Praxis der Homosexualität im Alten Testament als »abscheulich« bzw. als »Greuel« verurteilt (3. Mose 18,22; 20,13). Homosexualität war eine der Sünden, um derentwillen Sodom zerstört wurde. Die Männer von Sodom forderten Lot auf, seine beiden männlichen Besucher herauszugeben: »Wir wollen mit ihnen Verkehr haben!« riefen sie (1. Mose 19,5). Obwohl Sodom sich noch vieler anderer Sünden schuldig gemacht hatte, geht aus dem unmittelbaren Zusammenhang klar hervor, daß der Herr vor allem über die homosexuelle Praxis erzürnt war. Ähnliches lesen wir in Richter Kapitel 19, wo der Wunsch der Männer von Gibea, sich homosexuell zu betätigen, als »Schandtat« bezeichnet wird (Vers 23).

Im Neuen Testament findet sich die Praxis der Homosexualität in der Liste von den Dingen, die Paulus verurteilt. Seine Worte sind unmißverständlich: »Oder wißt ihr nicht, daß Ungerechte (oder: Gottlose) das Reich Gottes nicht erben werden? Irrt euch nicht! Weder Unzüchtige noch Götzendiener, noch Ehebrecher, noch Wollüstlinge (oder: männliche Prostituierte), noch Knabenschänder (oder: homosexuelle Übeltäter), noch Diebe, noch Habsüchtige, noch Trunkenbolde, noch Lästerer, noch Räuber werden das Reich Gottes erben« (1. Korinther 6,9-10).

Das mit »Wollüstlinge« oder »männliche Prostituierte« übersetzte Wort bezieht sich nicht nur auf Prostituierte als solche, sondern ganz allgemein auf die passiven Partner beim homosexuellen Verkehr. Das mit »Knabenschänder« oder »homosexuelle Übeltäter« übersetzte Wort bezieht sich auf die aktiven Partner und findet sich auch in der Liste der »Gesetzlosen und Widerspenstigen, Gottlosen und Sünder, Heillosen und Unheiligen« (1. Timotheus 1,9). Für Paulus war klar, daß alle homosexuellen Praktiken bei der Bekehrung aufzuhören hatten (1. Korinther 6,11).

Wie Paulus schreibt, ist homosexuelle Betätigung ein Resultat dessen, daß Gott die Menschen wegen ihrer Rebellion gegen Gott »dahingegeben« hat. Gott gibt uns Menschen die Freiheit, unseren eigenen Vorsätzen zu folgen, wenn wir das wollen.

> Darum hat Gott sie dahingegeben in den Gelüsten ihrer Herzen in Unreinheit, ihre Leiber untereinander zu schänden, sie, welche die Wahrheit Gottes in die Lüge verwandelt und dem Geschöpf Verehrung und Gottesdienst dargebracht haben statt dem Schöpfer, der gepriesen ist in Ewigkeit. Amen. Deswegen hat Gott sie dahingegeben in schändliche Leidenschaften. Denn ihre Frauen haben den natürlichen Verkehr in den unnatürlichen verwandelt, und ebenso ha-

> ben auch die Männer den natürlichen Verkehr mit der Frau verlassen, sind in ihrer Wollust zueinander entbrannt, indem sie Männer mit Männern Schande trieben, und empfingen den gebührenden Lohn ihrer Verirrung an sich selbst (Römer 1,24-27).

Paulus bezieht sich hier wiederum auf die Schöpfungsordnung und die Art, wie Gott uns Menschen gemacht hat. Homosexuelle Betätigung ist nicht »natürlich«; sie widerspricht der Schöpfungsordnung Gottes. Des weiteren verurteilt Paulus ausdrücklich auch die Haltung derer, die »es nicht allein ausüben, sondern auch Wohlgefallen an denen haben, die es tun« (Römer 1,32). Durch ihre herausfordernde Haltung befinden sich manche Führer der Schwulenbewegung unserer Tage laut der Erklärung des Neuen Testaments auf absolut gefährlichem Boden. »Zusammenfassend läßt sich sagen, daß die Aussagen des Apostels Paulus jede homosexuelle Betätigung als unrecht zurückweisen. Im Römerbrief wird sie als eine Verirrung der Heiden, im Korintherbrief als ein Hindernis für den Eintritt ins Reich Gottes und im 1. Timotheusbrief als ein Vergehen gebrandmarkt, das durch das Sittengesetz abgelehnt werden muß.«[4]

Ganz wichtig ist es zu erkennen, daß die Bibel an keiner Stelle eine homosexuelle Neigung, homosexuelle Gefühle oder eine homosexuelle Versuchung verurteilt. Versuchung ist noch keine Sünde. Jesus wurde »in allem in gleicher Weise wie wir versucht … doch ohne Sünde« (Hebräer 4,15). Die Bibel verurteilt keine homosexuelle Neigung, aber jegliche homosexuelle Betätigung (wir kommen noch auf den Unterschied zu sprechen). Jesus hat die Heilige Schrift als absolute Autorität betrachtet, und wenn Jesus unser Herr ist, müssen wir seinem Beispiel folgen.

Ist Aids die Strafe Gottes für homosexuelle Praktiken?

Von Zeit zu Zeit liest man in der Zeitung von irgendeiner bekannten Persönlichkeit, die entweder zugegeben hat, das Aids-Virus HIV zu haben, oder gerade an Aids gestorben ist. Im November 1991 starb Freddie Mercury, der Lead-Sänger der Rockgruppe »Queen«, an Aids. Vor kurzem geschah das gleiche mit Rudolf Nurejew, dem berühmten russischen Ballettänzer. Kenny Everett, ein Entertainer, der sich seit Jahren offen zur Homosexualität bekennt, gab kürzlich zu, HIV-positiv zu sein. Wenige Tage später erklärte Holly Johnson, Lead-Sänger der Gruppe »Frankie Goes to Hollywood« (deren Hit »Relax« die Schwulen auffordert, stolz auf ihre Sexualität zu sein), daß auch er HIV-positiv sei.

Aids ist eine der größten gesundheitlichen Bedrohungen dieses Jahrhunderts für die Menschheit und steht folglich im Mittelpunkt des öffentlichen Interesses. Nach Schätzungen der Weltgesundheitsorganisation sind 11-12 Millionen Menschen weltweit mit dem HIV-Virus infiziert – einer von 250 der Weltbevölkerung. Bis zum Jahr 2000 wird die Zahl der Infizierten Schätzungen zufolge auf 40 Millionen angestiegen sein. In Afrika sterben möglicherweise bereits heute mehr Menschen an Aids als durch Hunger. Weltweit gesehen, werden 90% aller neuen Infektionen durch heterosexuellen Geschlechtsverkehr übertragen. Dieser Anteil ist zwar in Großbritannien immer noch verhältnismäßig gering, wächst jedoch ständig. Statistisch gesehen, steht Aids nach wie vor in einer Wechselbeziehung mit homosexueller Betätigung. Mehr als drei Viertel der Menschen, die bisher an Aids gestorben sind, haben das Virus wahrscheinlich durch homosexuellen Geschlechtsverkehr erworben. Deshalb gibt es in den Augen der Bevölkerung dieses Landes immer noch eine starke Verbindung zwischen Homosexualität und Aids.

Natürlich sagt die Bibel nichts über Aids, aber wir können die biblischen Prinzipien anschauen und versuchen, sie auf diese moderne Krankheit anzuwenden. Wie wir bereits gesehen haben, hat Gott uns in seiner großen Liebe gewisse Grenzen gesetzt, um uns zu schützen. Wenn wir diese Grenzen überschreiten, sind Verletzungen oft vorprogrammiert – genauso, wie jemand, der seinen Finger ins Feuer hält, sich unweigerlich verbrennt.

Außerdem bestraft Gott das Übertreten seiner Gebote. Ältere Theologen machten einen Unterschied zwischen zwei Arten von göttlichem Gericht: zum einen das Gericht als unausweichliche Folge der Sünde, zum anderen die persönliche (wenn auch nie gehässige oder aus dem Affekt heraus geborene) Reaktion Gottes auf die Sünde.

Ich möchte diesen Unterschied anhand eines Vergleichs deutlich machen. Es gibt bekanntlich ein Gesetz gegen Trunkenheit am Steuer, das bezweckt, die Verkehrsteilnehmer vor Schaden zu bewahren. Ich las in der Zeitung von einem Mann, der sich, nachdem er zuviel getrunken hatte, ans Steuer seines Wagens setzte. Er verunglückte und wurde schwer verletzt. Sein bester Freund kam als Beifahrer bei dem Unfall ums Leben. Der Mann wurde angeklagt und vom Gericht zu einer Gefängnisstrafe verurteilt. Seine Verletzungen sowie der Tod seines Freundes waren die unausweichliche Folge seiner Gesetzesübertretung, während der Gefängnisaufenthalt die direkte Strafe darstellte.

Wie verhält es sich im Licht dieser Analogie mit Aids? Handelt es sich um die erste oder um die zweite Art von Gericht? Soll man es mit den Verletzungen, die der Mann erlitt, vergleichen oder eher mit der vom Gericht verhängten Strafe?

Eines Tages wird Gott diese Welt richten. Jede Sünde wird bestraft werden – so wie die Gerichte heute die Verbrechen bestrafen. Dieses Gericht Gottes wird absolut gerecht sein. Entweder werden wir selber die Strafe zu bezahlen haben oder, wenn wir unser Vertrauen auf Jesus Christus gesetzt haben, durch sein Erlösungswerk am Kreuz gerettet sein. Dieses Gericht findet jedoch erst nach der Wiederkunft Jesu statt. Bis dahin kann es vorkommen, daß Gott zuweilen bereits in diesem Leben durch Gericht eingreift – wie bei Sodom und Gomorra (1. Mose 19) oder bei Ananias und Saphira (Apostelgeschichte 5). Diese übernatürlichen Gerichtshandlungen Gottes finden wir jedoch relativ selten in der Bibel.

Andererseits findet fortwährend ein Gottesgericht im Sinne der unausweichlichen Folge von Sünde statt. Menschen werden verletzt, weil irgend jemand die Gebote Gottes übertritt. Wie im Fall des betrunkenen Autofahrers ist es oft nicht nur der Übeltäter selbst, der verletzt wird, sondern häufig sind auch »unschuldige« Todesopfer zu beklagen wie der beste Freund des Fahrers.

Zurück zu unserer Frage bezüglich Aids: Ich glaube nicht, daß wir es hier mit einem Gericht Gottes für die Homosexualität im Sinne einer direkten, persönlichen Reaktion zu tun haben – ähnliches gilt übrigens auch für Lungenkrebs und Rauchen. Wie gesagt, finden 90% der Neuerkrankungen weltweit durch heterosexuelle Kontakte statt, während weibliche Homosexuelle die sicherste Gruppe bilden. Man kann eigentlich nicht einmal von einem Gericht für Promiskuität oder außerehelichen Geschlechtsverkehr sprechen, da manche Menschen durch eine Blutübertragung krank werden und andere die Krankheit von ihren Eltern erben.

Wir können Aids jedoch als eine unausweichliche Folge dessen betrachten, daß die Gebote Gottes übertreten werden. In unserem Vergleich entspricht dies dem Autounfall, bei dem sowohl der Schuldige als auch sein unschuldiger Freund zu Schaden kamen. Gottes Gebote wurden dazu gegeben, die Menschen vor Schaden zu bewahren. Wenn seine Gebote übertreten werden, wird häufig nicht nur der Gesetzesübertreter selber verletzt, sondern manchmal eben auch ein Unschuldiger, während einem anderen überhaupt nichts passiert. Nicht jeder betrunkene Autofahrer verunglückt, und nicht jeder in sexueller Freizügigkeit lebende Mensch bekommt Aids oder irgendeine andere Geschlechtskrankheit. Obwohl man sagen kann, daß der betrunkene Fahrer höchstwahrscheinlich früher oder später einen Unfall haben wird und homosexuelle Praktiken sowie Promiskuität früher oder später höchstwahrscheinlich großen Schaden verursachen werden. Das liegt daran, wie Gott uns geschaffen hat und wie wir leben sollten, und hat nicht unbedingt etwas mit einer zornigen Heimsuchung Gottes zu tun. So wie Geschirr, das nicht spülmaschinenfest ist, springen kann, wenn man es in die Maschine tut, so sind auch wir

Menschen nicht zur Homosexualität bzw. Promiskuität geschaffen. Diese Dinge übersteigen unsere »Widerstandsfähigkeit« auf physischem, emotionalem und geistlichem Gebiet und können auf die Länge der Zeit schwere Schäden in allen diesen Bereichen verursachen. Homosexualität und Promiskuität waren ungesund, bevor man etwas von Aids wußte. Heute können sie tödlich sein. Wie wir bereits in Kapitel 5 sahen, hätte Aids sich nicht so rapide ausbreiten können, wenn wir uns an die biblischen Normen gehalten hätten. Und die beste – um nicht zu sagen einzige – Möglichkeit, der Krankheit heute Einhalt zu gebieten, wäre eine bedingungslose Rückkehr zu den Maßstäben der Bibel.

Dennoch ist Aids an sich nicht der eigentliche Krisenpunkt in unserer Gesellschaft, sondern lediglich ein Symptom der Krise, die darin besteht, daß Männer und Frauen Gott den Rücken gekehrt haben, und wir sehen heute die Folgen (Römer 1,21).

Läßt sich eine sexuelle Veranlagung ändern?

Alle unsere Hoffnungen stützen sich allein auf das Kreuz Christi. Was das Neue Testament Menschen, die aufrichtig Buße tun, hier und jetzt verheißt, ist die Vergebung der Vergangenheit. Es besteht ein gewaltiger Unterschied zwischen dem bußfertigen Gläubigen, der hier und da in Sünde fällt, und dem unbußfertigen Menschen, der beständig und widerstandslos einen Weg vorsätzlichen Ungehorsams verfolgt. Dem Mann oder der Frau, die Buße tun und Christus wirklich gehorchen wollen, verspricht das Neue Testament völlige Vergebung durch das Kreuz Christi. Homosexuelle Betätigung ist nicht die schlimmste aller Sünden; auch sie kann vergeben werden!

Außerdem ist die Macht der Sünde für jeden Christen am Kreuz gebrochen. In seinem Brief an die Korinther spricht Paulus von den »Unzüchtigen«, den »Ehebrechern«, den »männlichen Prostituierten« und »homosexuellen Übeltätern« und fährt fort: »Und das sind manche von euch gewesen; aber ihr seid abgewaschen, aber ihr seid geheiligt, aber ihr seid gerechtfertigt worden durch den Namen des Herrn Jesus und durch den Geist unseres Gottes« (1. Korinther 6,9-11).

Indem er die Vergangenheitsform benutzt, weist Paulus darauf hin, daß seine Leser Veränderung erfahren haben. Sie haben ihre früheren Praktiken aufgegeben, obwohl manche wahrscheinlich ihr Leben lang mit Versuchungen auf diesem Gebiet zu kämpfen haben werden. Ihnen gilt die göttliche Verheißung: »Keine Versuchung hat euch ergriffen als nur eine menschliche; Gott aber ist treu, der nicht zulassen wird, daß ihr über euer Vermögen versucht werdet, sondern mit der Versuchung auch den Ausgang schaffen wird, so daß ihr sie ertragen könnt« (1. Korinther 10,13).

Tony Campolo schreibt:

Es ist äußerst wichtig für uns alle, zwischen einer homosexuellen *Neigung* und homosexueller *Betätigung* zu unterscheiden. Bei einer homosexuellen Neigung handelt es sich um ein Verlangen, mit Personen des gleichen Geschlechts sexuell intim zu werden. Homosexuelle Betätigung dagegen liegt vor, wenn man durch körperliche Beziehungen mit Personen des eigenen Geschlechts Intimverkehr hat oder sexuelle Befriedigung sucht. Das erste ist ein Verlangen, das zweite eine Tat. Beim ersten wird man versucht, beim zweiten gibt man der Versuchung nach.

Ich kenne persönlich viele Christen, die eine homosexuelle Neigung haben, aber durch die Kraft des Heiligen Geistes gegen ihren Wunsch, sich homosexuell zu betätigen, ankämpfen. Das Verlangen, sexuelle Befriedigung durch körperliche Kontakte mit Personen des eigenen Geschlechts zu finden, ist bei vielen von ihnen beständig vorhanden (genau wie das heterosexuelle Verlangen bei vielen fortwährend da sein kann), dennoch sind sie »mehr als Überwinder durch den, der [sie] geliebt hat« (Römer 8,37).

Ich kann diese tapferen Gläubigen nur bewundern, die ein Leben sexueller Frustration erdulden, weil sie sich an die Ermahnungen der Bibel gegen homosexuellen Geschlechts-

> verkehr gebunden fühlen. Viele dieser Christen haben mir von den nächtelangen, endlosen Kämpfen berichtet, in denen sie mit dem Fleisch gerungen haben, um dem treu zu bleiben, was sie als Gottes Willen erkannt hatten. Wer diese Homosexuellen, die um Christi willen unverheiratet bleiben, für weniger als einen glorreichen Sieger in Gottes Reich hält, sollte sich wirklich schämen.[5]

Ist es denn überhaupt möglich, daß sich eine sexuelle Neigung ändert? Diese Frage hängt unmittelbar mit der Diskussion darüber zusammen, was die Ursachen einer homosexuellen Neigung sind. Es gibt diesbezüglich eine ganze Reihe von Hypothesen, aber keinerlei schlüssige Beweise. Manche meinen, die homosexuelle Neigung sei angeboren, aber die Wissenschaft hat bis jetzt vergebens versucht, eine physische Grundlage für Homosexualität festzustellen. Trotz einiger kürzlich erhobener Behauptungen gibt es keine schlüssigen wissenschaftlichen Beweise dafür, daß genetisch oder hormonell bedingte Faktoren für homosexuelles Verhalten verantwortlich sind. Dagegen gibt es eine ganze Reihe von Beweisen für die Tatsache, daß eine homosexuelle Neigung erworben bzw. erlernt wird. Dies kann aufgrund verschiedener Faktoren geschehen: mangelnde Liebe und Bestätigung von seiten des gleichgeschlechtlichen Elternteils; eine dominante, beherrschende oder aber übervorsichtige und besitzergreifende Mutter; ein schwacher, unfähiger oder abweisender Vater; Inzest oder sexueller Mißbrauch. Das sind alles mögliche Ursachen.

In den meisten Fällen sind Menschen mit einer homosexuellen Neigung das Produkt von Kräften, über die sie wenig oder gar keine Gewalt haben, zumindest im Anfangsstadium. Egal, ob der Grund ein biologischer oder soziologischer ist – sie können mit ziemlicher Sicherheit nichts dafür. Deshalb sollten wir niemanden verurteilen, der eine homosexuelle Neigung besitzt. Auf der anderen Seite ist jeder Mensch selber dafür verantwortlich, wie er mit seiner Neigung umgeht und ihre Äußerungen reguliert. Selbst wenn es einen wissenschaftlichen Grund für die Homosexualität gäbe, würde das noch längst nicht bedeuten, daß es Gottes Wille ist. Wir haben ja gesehen, daß Homosexualität kein Teil der ursprünglichen Schöpfungsordnung ist, sondern vielmehr eine indirekte Folge des Sündenfalls. Deshalb sollten wir so weit wie möglich nach Wiederherstellung und Heilung streben.

Wenn Jesus wiederkommt, wird unser Leib vollkommen sein (Römer 8,23), und alle, die in Christus sind, werden völlig geheilt sein. Bei manchen findet die Heilung bereits in diesem Leben statt. In einer 1955 vom britischen Ärzteverband veröffentlichten Untersuchung waren 14 Fälle von Menschen mit homosexueller Neigung aufgeführt, die nach ihrer Bekehrung zu Christus eine völlige Befreiung erlebt hatten. Der Bericht kam zu dem Schluß: »Homosexuelle können durch die Bekehrung so verändert werden, daß ihr sexuelles Verlangen die Gewalt über sie verliert.«[6]

Andere sind durch die übernatürliche Kraft des Heiligen Geistes oder einen allmählichen Prozeß der inneren Heilung verändert worden. Letzteres schließt gewöhnlich ein, daß der Betreffende denen, die ihn in der Vergangenheit verletzt haben, vergibt und selber Vergebung empfängt. Bei anderen wiederum findet Heilung durch die Gemeinschaft mit anderen Christen statt, indem sie Beziehungen mit ihren Brüdern und Schwestern in Christus aufbauen und dort Bestätigung, Liebe und Annahme finden. Wieder anderen konnte durch christliche Psychiater oder Psychologen geholfen werden (manche, die auf diesem Gebiet arbeiten, haben allerdings zuweilen moralisch fragwürdige Methoden eingesetzt, um eine homosexuelle Neigung zu verändern, und der Zweck heiligt eben nicht die Mittel). Gebet und ärztliche Behandlung widersprechen sich nicht, denn es gibt nur eine Quelle, aus der jede Heilung kommt, und diese Quelle ist Gott. Die Frage ist nur, ob Gott ein Wunder tut oder ob er gewöhnlichere Mittel gebraucht.

Je älter ein Mensch ist, um so schwerer fällt es ihm, sich zu verändern. Bei jedem Verhaltensmuster gilt: je öfter man ihm folgt, um so fester wird es. Der Psychiater

John White schreibt: »Wenn ich einmal körperliche Befriedigung durch Kontakt mit einem gleichgeschlechtlichen Partner erlebt habe, möchte ich so etwas mit größerer Wahrscheinlichkeit wieder erleben. Je öfter ich dies erlebe, um so fester wird das Verhaltensmuster. Was ich tue, entscheidet darüber, was ich bin, genau wie das, was ich bin, darüber entscheidet, was ich tue.«[7]

Obwohl eine Veränderung der homosexuellen Neigung nicht zum Alltäglichen gehört, gibt es einige bemerkenswerte Heilungen selbst bei scheinbar eingefahrenen Verhaltensmustern. Ich erinnere mich an eine Fernsehsendung über einen Mann mit Namen Frank, der sich 12 Jahre lang aktiv homosexuell betätigt hatte. Er sah überhaupt keinen Ausweg aus seiner Lage. Als er sich bekehrte, wußte er sofort, daß er nicht mehr homosexuell sein würde. Ähnlich erging es einer Frau namens Kathy, die ihr ganzes Leben lang geglaubt hatte, homosexuell zu sein, aber völlig frei wurde, als Christus in ihr Leben kam. Als das Fernsehprogramm ausgestrahlt wurde, waren die beiden bereits seit sieben Jahren verheiratet, hatten sechs goldige Kinder und standen in einem Dienst an Menschen mit ähnlichen Problemen.

Vor 5 Jahren lernte ich einen charmanten französischen Geiger Mitte Zwanzig kennen, der ein Verhältnis mit einem zehn Jahre älteren Mann hatte. Jemand aus unserer Gemeinde gab diesem Mann ein christliches Buch und betete mit ihm. Er bat den Herrn Jesus, sich ihm innerhalb der nächsten 24 Stunden zu offenbaren. Am gleichen Abend saß der Geiger gerade mit seinem Partner beim Abendbrot, als er plötzlich in Tränen ausbrach und ins Schlafzimmer lief, wo er eine ungewöhnliche Vision von Jesus hatte. Daraufhin übergab er sein Leben Christus. Am nächsten Tag interviewte ich ihn im Gottesdienst und fragte ihn, was er in bezug auf sein Verhältnis zu tun gedenke. Er sagte, er werde es beenden. Um seinem Freund die Nachricht so schonend wie möglich beizubringen, kaufte er einen Strauß Blumen, die noch in Knospen waren. Er bat Gott, bis die Knospen aufgegangen wären, möge sein Freund zu Christus gefunden haben. Der

Freund hatte bereits die Veränderung an seinem Partner bemerkt und suchte die Person auf, die mit ihm gebetet hatte. Nach gemeinsamem Gebet wurde der ältere Mann ebenfalls Christ. Auch er hatte eine wunderbare Vision von Jesus – »die gewaltigste Erfahrung meines ganzen Lebens«, wie er sich später ausdrückte. »Zum ersten Mal wußte ich wirklich, was Liebe ist.« Beide Männer sind heute aktive Christen. Den Mann Mitte Dreißig kenne ich gut; er ist ein feiner christlicher Leiter, der oft mit Menschen betet, die sich in einer ähnlichen Lage befinden wie er früher.

Ich befragte ihn kürzlich nach seinen Erfahrungen im Gebet mit homosexuell veranlagten Menschen. Er hat festgestellt, daß mangelnde Bestätigung durch den Vater gewöhnlich einen wichtigen Faktor für die Homosexualität darstellt. Wie er mir sagte, funktionieren homosexuelle Verbindungen nie richtig und schenken keinem wirkliche Erfüllung. Eine homosexuelle Partnerschaft besteht aus zwei Menschen, die bei ihrem Partner Bestätigung suchen, weil sie bisher keine Bestätigung erfahren haben, aber nicht in der Lage sind, einander diese Bestätigung zu geben, weil sie selber keine Bestätigung erfahren haben. Durch ihre homosexuellen Praktiken wollen sie wenigstens auf sexuelle Art und Weise Bestätigung erleben.

Deshalb liegt eine gewaltige Macht darin, sich vergeben zu lassen und auch seinem Vater zu vergeben, wenn er dem Sohn vielleicht zu wenig Bestätigung gegeben hat. Vergebung befreit von dem Schmerz dieser unseligen Beziehung und macht es möglich, Bestätigung von unserem himmlischen Vater zu empfangen. Mein Gesprächspartner konnte aus eigener Erfahrung von dem dramatischen, heilenden Verständnis für seinen Vater berichten, das ihn erfüllte, als er das getan hatte. Gewiß gab es noch genügend Dinge, die in Ordnung zu bringen waren, aber der Prozeß der inneren Heilung hatte begonnen. »Heilung ist kein Akt der Verdrängung«, erklärte er mir, »sondern der Weg in die Freiheit. Das führt automatisch zu sexueller Unversehrtheit, und zwar in allen Beziehungen. Homosexuelle begrenzen sich oft durch ihre Sexualität –

›meine Sexualität, das bin ich‹. Wenn wir die Freiheit in Christus erleben, hören wir auf, uns durch unsere Sexualität zu begrenzen, und sehen Sex vom Standpunkt der Beziehungen aus, anstatt umgekehrt.«

Wie sollte unsere Einstellung zu Menschen sein, die in einen homosexuellen Lebensstil verstrickt sind?

Obwohl jeder von uns nach dem Bilde Gottes geschaffen wurde, sind wir doch alle gefallene Menschen, d. h. keiner von uns ist ohne Sünde. In Kapitel 3 sahen wir, daß jeder Bereich unseres Lebens von der Sünde betroffen ist. Wir sind alle Sünder auf sexuellem Gebiet. Keiner von uns ist in der Lage, mit Steinen auf andere Menschen zu werfen, obwohl die Gemeinde Jesu sich in der Vergangenheit leider immer wieder auf diesem Gebiet hervorgetan hat. Jesus sagte zu denen, die eine Frau wegen einer sexuellen Verfehlung steinigen wollten: »Wer von euch ohne Sünde ist, werfe zuerst den Stein auf sie« (Johannes 8,7).

Jesus, der als einziger in der Lage gewesen wäre, mit Steinen zu werfen, weil er ohne Sünde war, tat es nicht. Im Gegenteil, er bewies der Frau gegenüber viel Liebe und Barmherzigkeit. Dennoch sagte er zu ihr: »Geh hin und sündige nicht mehr!« (Johannes 8,11). Wir sind berufen, dem Vorbild Christi nachzueifern, d. h. wir sollen die Menschen ohne Vorbedingung lieben und annehmen. Gleichzeitig müssen wir die Sünde jedoch als Sünde erkennen und dürfen sie nicht beschönigen.

Hier haben wir es mit einer einmaligen Kombination zu tun. Im allgemeinen lassen sich bezüglich der Einstellung zur Homosexualität zwei völlig entgegengesetzte Extreme beobachten. Auf der einen Seite gibt es solche, die die in homosexuelle Praktiken Verstrickten scharf verurteilen und sie persönlich als Feinde betrachten. Diese Einstellung läuft darauf hinaus: »Man sollte sie allesamt erschießen!« Auf der anderen Seite gibt es solche, die in ihrem Bemühen, homosexuelle Menschen zu akzeptieren, deren Sünde gutheißen und sagen, es sei nichts an homosexueller Betätigung auszusetzen.

Wir sind aufgefordert, Menschen mit einem homosexuellen Lebensstil zu lieben. Liebe bedeutet jedoch nicht, daß wir die Sünde gutheißen müssen. Ganz im Gegenteil. Wenn wir sehen, daß ein Kind über die Straße rennen will, und es anschreien: »Nicht!«, dann geschieht das nicht, weil wir ihm den Spaß verderben wollen. Wir warnen das Kind, weil wir es liebhaben und vor Schaden bewahren wollen. Genauso sollen wir, wann immer sich uns eine Gelegenheit bietet, offen gegen die Praxis der Homosexualität Stellung beziehen. Es ist verkehrt, in der Schule positiv über einen homosexuellen Lebensstil zu sprechen. Es ist auch verkehrt, unbußfertige, praktizierende Homosexuelle zum geistlichen Dienst zu ordinieren.

Auf der anderen Seite sind wir berufen, die Menschen zu lieben und sie mit offenen Armen in die Gemeinde aufzunehmen. John Stott schreibt: »Im Mittelpunkt jeder homosexuellen Neigung steht eine tiefe Einsamkeit, die natürliche Sehnsucht jedes Menschen nach gegenseitiger Liebe, eine Suche nach der eigenen Identität und ein Verlangen nach Ganzheit. Wenn der homosexuelle Mensch diese Dinge in der örtlichen ›Gemeinde-Familie‹ nicht findet, haben wir kein Recht, diese Bezeichnung noch weiter zu verwenden.«[8]

Wir müssen für ein sicheres Umfeld sorgen, in dem der homosexuell Veranlagte einen Menschen findet, mit dem er reden und beten kann. Manch einer hat nie die Möglichkeit gehabt, mit einem anderen über seine innersten Kämpfe zu sprechen. Wenn es ihm gestattet wird, offen über sein Problem zu reden, ist das oft der erste Schritt aus der Dunkelheit ins Licht.

Auch sollte die Gemeinde Jesu zu den ersten gehören, wenn es darum geht, Menschen, die HIV-positiv sind bzw. Aids haben, Hoffnung und Heilung zu bringen. Ein gutes Beispiel haben wir in ACET (Aids Care Education and Training), einer Vereinigung, die den Aids-Kranken in unserer Gesellschaft zu dienen versucht, indem sie, ohne zu verurteilen, praktische Hilfe leistet. Die Kranken werden ermutigt, positiv in die Zukunft zu blicken, und junge

Leute werden kompetent aufgeklärt, damit sie gar nicht erst krank werden.

Liebe ist der Schlüssel von A bis Z. Gott in seiner Liebe hat uns die Sexualität geschenkt. Aus Liebe hat er uns aber auch gewisse Grenzen gesetzt. Wie tief muß es ihn schmerzen, das Chaos zu sehen, in das wir uns selber hineinmanövriert haben. In seiner Liebe hat er Jesus gesandt, um uns Vergebung zu schenken, uns Kraft zum Widerstand gegen die Versuchung zu verleihen und uns auch Heilung zu bringen. Wir sind aufgerufen, es ihm gleichzutun – hinzugehen und zu lieben, wie er uns geliebt hat.

ZUR WEITEREN LEKTÜRE EMPFOHLEN:

John Stott, *Issues Facing Christians Today* (Marshall Pickering, 1984), Kapitel 16

Martin Hallett, *I Am Learning to Love* (Marshall Pickering)

Leanne Payne, *The Healing of the Homosexual* (Crossway)

ANMERKUNGEN:

1. E.G. Knox, C. McArthur, K.J. Simons, »Sexual Behaviour and Aids in Britain« (HMSO), S. 84
2. David Atkinson, *Pastoral Ethics in Practice* (Monarch, 1989), S. 73
3. *Ibd.*, S. 74
4. Peter Coleman, zitiert von David Atkinson, *a.a.O.*, S. 76-77
5. Tony Campolo, *20 Hot Potatoes Christians Are Afraid to Touch* (Word Publishing, 1988), S. 110
6. *Homosexuality and Prostitution* (BMA, 1955), S. 92
7. John White, *Eros Defiled* (IVP), S. 111
8. John Stott, *Issues Facing Christians Today* (Marshall Pickering, 1984), S. 321

6
GIBT ES EINEN WIDERSPRUCH ZWISCHEN WISSENSCHAFT UND CHRISTENTUM?

Die von den Massenmedien, die bekanntlich jede Konfrontation als gute Nachricht vermarkten, verbreitete Anschauung besagt, daß Wissenschaft und christlicher Glaube in direktem Widerspruch zueinander stehen. Dafür gibt es zwei Hauptgründe.

Erstens hat es in der Kirchengeschichte Zeiten gegeben, in denen die Kirche die Resultate wissenschaftlicher Forschung offen bekämpft hat. Galilei, der große italienische Astronom, geriet mit der katholischen Kirche in Konflikt, als er entdeckte, daß die Planeten um die Sonne kreisen. Er kam vor das Inquisitionsgericht in Rom, wurde zum Widerruf seiner Thesen gezwungen und verbrachte die letzten acht Jahre seines Lebens unter Hausarrest.

Die Verfolgung von Wissenschaftlern war mit dem 17. Jahrhundert jedoch nicht vorbei. Noch im Jahre 1925 wurde John T. Scopes, Lehrer an einer höheren Schule in Drayton/Tennessee, wegen Übertretung der Staatsgesetze angeklagt, weil er seinen Schülern die Evolutionstheorie beigebracht hatte. Er wurde für schuldig befunden und zu einer Geldstrafe von 100 Dollar verurteilt. Er legte Berufung ein und wurde schließlich aufgrund der Tatsache, daß das Strafmaß unverhältnismäßig hoch angesetzt gewesen war, freigesprochen.

Zweitens meinen viele, die moderne wissenschaftliche Forschung erkläre alles, was früher durch den Glauben an Gott erklärt worden sei, somit sei dieser Glaube überflüssig geworden. Weiter wird behauptet, die sicheren Erkenntnisse der modernen Wissenschaft ständen in direktem Widerspruch zu den Lehren der Bibel. Manche sagen z. B., die Wissenschaft habe bewiesen, daß es keine Wunder gebe, während die Bibel voller Wunder ist. Andere argumentieren damit, daß die wissenschaftliche Theorie einer allmählichen Entwicklung des menschlichen Organismus durch natürliche Prozesse nicht mit dem Schöpfungsbericht aus 1. Mose 1 vereinbar sei. Der englische Biologe, Agnostiker und Philosoph T. H. Huxley (1825-1895) hat beispielsweise gesagt: »Die Lehre von der Evolution macht es in letzter Konsequenz unmöglich, an die Bibel zu glauben.«

In diesem Kapitel möchte ich mich mit dem Verhältnis zwischen Wissenschaft und christlichem Glauben beschäftigen und insbesondere der Frage nachgehen, ob sich die »gesicherten Erkenntnisse der modernen Wissenschaft« und der christliche Glaube tatsächlich widersprechen.

Wissenschaft und christlicher Glaube sind nicht unvereinbar

Erst die christliche Weltanschauung hat den richtigen Nährboden bereitgestellt, auf dem die moderne Wissenschaft gedeihen konnte. Erstens ist der christliche Glaube ein monotheistischer Glaube. Der Glaube an den einen Gott hat Menschen zu der Annahme geführt, daß es eine Gleichmäßigkeit in der Natur geben müsse, wobei die zugrunde liegenden Naturgesetze, unabhängig von Ort und Zeit, immer gleichblieben. Ein Universum, das allen möglichen Launen und Schwankungen unterworfen wäre, würde jegliche systematische Forschung unmöglich machen.

Zweitens führte die christliche Lehre von einer Schöpfung, hinter der ein logisch denkender Gott der Ordnung steht, die Wissenschaftler zu der Annahme, daß die Welt nach festen und verständlichen Regeln ablaufen müsse. Die Wissenschaftler des 16. Jahrhunderts folgerten, das Universum müsse wohlgeordnet und der Erforschung wert sein, weil es sich um das Werk eines intelligenten Schöpfers handle. »Die Menschen bekamen Interesse an der Naturwissenschaft, weil sie mit Naturgesetzen rechneten, und sie rechneten mit Naturgesetzen, weil sie an einen Gesetzgeber glaubten.«[1]

Drittens bedeutete der christliche Glaube an einen übernatürlichen, d. h. über der Natur stehenden Gott, daß man berechtigt sei, Experimente durchzuführen. Das wäre nicht der Fall gewesen unter Glaubenssystemen, die bestimmte Formen der Materie als Götter betrachteten. Es wäre auch nicht weise gewesen zu experimentieren, wenn man, wie manche Leute, geglaubt hätte, daß die Materie im Grunde böse sei. Die christliche Weltanschauung besagte, daß die Materie gut, aber nicht Gott sei. Somit bildete die christliche Schöpfungslehre »den unentbehrlichen Nährboden für die Entstehung von wissenschaftlichen Unternehmungen«.[2]

Daß der christliche Glaube fruchtbaren Boden für wissenschaftliches Experimentieren darstellte, wird sowohl von Wissenschaftlern als auch von Historikern und Philosophen bestätigt. Dr. Peter Hodgson, Dozent für Nuklearphysik an der Universität Oxford, hat gesagt: »Das Christentum bot gerade jene Glaubensüberzeugungen, die für die Wissenschaft unentbehrlich sind, und sorgte insgesamt für ein moralisches Klima, das ihr Wachstum begünstigte.«[3]

Der Historiker Herbert Butterfield erklärte, die »Wissenschaft (sei) ein Kind christlichen Denkens«. Der Philosoph John MacMurray drückte es so aus: »Die Wissenschaft ist das legitime Kind einer großen religiösen Bewegung, und ihr Stammbaum läßt sich bis auf Jesus zurückverfolgen.«[4]

Es ist erwiesen, daß für lange Zeit in der Geschichte Christentum und wissenschaftliche Forschung Bundesgenossen und keine Gegner waren. Nikolaus Kopernikus

(1473-1543) legte die Grundlagen für die moderne Astronomie und die geistig-naturwissenschaftliche Revolution der Neuzeit, indem er aufgrund mathematischer Berechnungen behauptete, daß die Erde sich um die Sonne dreht. Er bekleidete ein Amt in der Kirche von Polen als Domherr in Frauenburg, und für ihn war Gott »der beste und ordentlichste aller Werkmeister«.

Galileo Galilei (1564-1642), italienischer Mathematiker, Physiker und Astronom, war der Begründer der Technik und modernen Physik, die das Experiment als Beweisgrundlage verlangt. Er machte geltend, daß die Erde nicht der Mittelpunkt des Universums sei. Obwohl von der Kirche verfolgt, war er ein frommer Katholik und sagte einmal: »Es gibt zwei bedeutende Bücher, das Buch der Natur und das Buch der Über-Natur, die Bibel.«

Der Begründer der modernen Optik war der hochbegabte frühe Astronom und Mathematiker Johannes Kepler (1571-1630). Am bekanntesten wurde er durch die Entdeckung der drei Keplerschen Gesetze, die die Planetenbewegung beschreiben. Kepler war ein aufrichtiger Lutheraner, der nach seinen eigenen Worten »die Gedanken Gottes Ihm nachdachte«.

Vielleicht der größte Wissenschaftler aller Zeiten war Sir Isaac Newton (1643-1727), einer der überragendsten naturwissenschaftlichen Größen der Menschheitsgeschichte. Bekannt geworden ist er besonders als Entdecker des Gravitationsgesetzes. Auch auf den Gebieten der Optik und der Astronomie war er ein Experte. Newton entwickelte die Fluxionsrechnung, eine Form der Differential- und Integralrechnung, und entdeckte die Zerlegung des Lichtes in Spektralfarben. Er glaubte an die Inspiration der Heiligen Schrift und schrieb sowohl theologische als auch wissenschaftliche Bücher, wobei er die theologischen für bedeutsamer hielt. Seiner Ansicht nach war keine Wissenschaft besser bewiesen als die Religion der Bibel.

Michael Faraday (1791-1867), der auf der Rückseite unserer 20-Pfund-Noten abgebildet ist, war einer der bedeutendsten Wissenschaftler des 19. Jahrhunderts. Er entdeckte das Phänomen der elektromagnetischen Induktion. Als erster produzierte er elektrischen Strom aus einem Magnetfeld. Er erfand den ersten Elektromotor und Dynamo. Auch auf ihn übte der christliche Glaube den allergrößten Einfluß aus.

Viele andere Pioniere der Wissenschaft waren ebenfalls Christen: Robert Boyle, nach dem das Boyle-Mariottesche Gesetz benannt ist; Joseph Lister, der die antiseptische Wundbehandlung in die Chirurgie einführte; Louis Pasteur, der die Pasteurisierung begründete; Gregor Mendel, der mithalf, die Vererbungsgesetze zu entwickeln; Lord Kelvin als »großes Licht« in der Begründung der modernen Physik; James Maxwell, der die elektromagnetische Feldtheorie formulierte.

Professor James Simpson, der durch Verwendung von Chloroform zur Narkose der schmerzlosen Chirurgie den Weg bereitete, wurde einmal gefragt: »Was ist Ihrer Meinung nach die wichtigste Entdeckung Ihres Lebens gewesen?« Darauf erwiderte Simpson: »Die wichtigste Entdeckung meines gesamten Lebens war, als ich Jesus Christus erkannte.«

Auch in unserer Zeit gibt es eine große Anzahl von Wissenschaftlern, die bekennende Christen sind. Die »Research Scientist Christian Fellowship« hat über 200 Mitglieder und ihr amerikanisches Gegenstück sogar über 2000. Einer der führenden Wissenschaftler unserer Generation ist Reverend Dr. John Polkinghorne, Präsident des Queens' College in Cambridge, Mitglied der Royal Society, der vor seiner Ordination 1983 zum geistlichen Amt Professor für mathematische Physik war. Er schrieb:

> Männer der Religion können von der Wissenschaft lernen, wie die physikalische Welt in ihrer Struktur und ihrer langen Entwicklungsgeschichte tatsächlich beschaffen ist. Das grenzt ein, was die Religion dort zu sagen hat, wo sie von dieser Welt als der Schöpfung Gottes spricht. Er ist offensichtlich ein sehr geduldiger Gott, der durch Entwicklungsprozesse und nicht durch Hexerei wirkt. Männer der Wissenschaft ihrerseits können aus der Religion ein tieferes

Verständnis gewinnen, als das allein von der Wissenschaft her möglich wäre. Die tiefe mathematische Verständlichkeit der physikalischen Welt (Zeichen der göttlichen Intelligenz, die dahintersteckt) und ihre fein darauf abgestimmte Fruchtbarkeit (Ausdruck des göttlichen Vorsatzes) spiegeln die Tatsache wider, daß es sich um eine Schöpfung handelt.[5]

Wissenschaft und Bibel widersprechen sich nicht

Es stimmt wahrscheinlich, daß es mehr Meinungsverschiedenheiten und scheinbare Widersprüche innerhalb der Wissenschaft selbst gibt als zwischen Wissenschaft und christlichem Glauben. Trotzdem herrscht allgemein die Ansicht vor, daß Wissenschaft und Theologie sich widersprechen.

Einer der vermeintlichen Widersprüche tut sich auf dem Gebiet der Wunder auf.[6] Baruch de Spinoza (1632-1677), niederländischer Philosoph und bedeutendster Systematiker des Rationalismus, erklärte, daß »nichts die Universalgesetze der Natur bestreiten« könne. Er glaubte an eine mechanistische Uniformität der Natur. Der Philosoph Hume betrachtete Wunder als eine »Verletzung der Naturgesetze«[7] und lehnte sie demzufolge als unmöglich ab. Hier beißt sich jedoch der Hund selbst in den Schwanz. Wenn die Naturgesetze als völlig einheitlich definiert werden, ist das Übernatürliche von Anfang an ausgeschlossen, und es ist von daher völlig unmöglich, an Wunder zu glauben, auch wenn die Beweise noch so stichhaltig sind.

Im Jahr 1937 sagte der berühmte deutsche Physiker Max Planck: »Der Glaube an Wunder muß Schritt für Schritt vor dem stetigen, sicheren Vordringen der wissenschaftlichen Kräfte zurückweichen, und seine totale Niederlage ist zweifellos nur eine Frage der Zeit.«[8] Planck wollte zu verstehen geben, daß heutzutage durch die Wissenschaft erklärt werden kann, was früher als Wunder galt. Damit wird ausgedrückt, daß alle, die in der Vergangenheit an Wunder geglaubt haben, das nur tun konnten, weil sie die Naturgesetze nicht genügend verstanden. Das ist jedoch überhaupt nicht der Fall. Zu Jesu Zeiten wußte jeder – genau wie wir heute –, daß es beispielsweise nicht »natürlich« ist, wenn eine Jungfrau ein Baby bekommt oder jemand von den Toten aufersteht. Hätten die Menschen damals keine Kenntnis von den Naturgesetzen gehabt, dann hätten sie auch kein Wunder in irgendeiner Art oder Form erkennen können. Wie C. S. Lewis gesagt hat: »Der Glaube an Wunder hängt keineswegs von einer Unkenntnis der Naturgesetze ab – im Gegenteil, er ist nur da möglich, wo diese Gesetze bekannt sind.«[9]

Die eigentliche Frage lautet: »Gibt es einen Gott?« Wenn ja, dann sind Wunder tatsächlich möglich. Wenn Gott Gott ist, dann hat er Materie, Vernunft, Zeit, Raum und alle wissenschaftlichen Gesetze geschaffen, und es steht ihm jederzeit frei, in deren Ablauf einzugreifen. Nur wenn es keinen Gott gibt, werden Wunder zum Problem. Aber die Philosophie und die Wissenschaft allein werden die entscheidende Frage nicht beantworten. Wissenschaftliche Gesetze sind nicht mit rein mathematischen Gesetzen, die nicht gebrochen werden können, zu vergleichen. Sie machen lediglich etwas deutlich. John Stott hat es so ausgedrückt: »Ich will nicht behaupten, daß Wunder eine hinreichende Basis für den Glauben an Gott bilden. Sobald wir jedoch aufgrund anderer Dinge zum Glauben an Gott gelangt sind … ist es nur logisch zu bekräftigen, daß Wunder möglich sind, genau wie es unlogisch ist, diese Möglichkeit abzustreiten. Denn die ›Naturgesetze‹ verdeutlichen zwar das Handeln Gottes, aber sie beherrschen es nicht.«[10]

Das zweite Gebiet, auf dem vermeintlich ein Widerspruch besteht, ist das Verhältnis zwischen Evolutionstheorie und biblischem Schöpfungsbericht. Sind die beiden wirklich unvereinbar?

Als erstes gilt es festzuhalten, daß vieles an der Evolutionstheorie nach wie vor reine Theorie ist. Man muß zunächst zwischen der Mikro- und der Makroevolution unterscheiden. Die Mikroevolution (von der man nicht behaupten kann, daß sie der Bibel widerspricht) ist die Veränderung und Entwicklung innerhalb einer Art. Das

Pferd beispielsweise ist im Lauf der Zeit sehr viel größer geworden und hat sich auch in anderer Hinsicht verändert. Diese Art der Evolution ist immer wieder zu beobachten und durch eine Fülle von Beweisen zu belegen.

Die Makroevolution dagegen bedeutet die Entwicklung von einer Art zur anderen; berühmtestes Beispiel ist die Entwicklung Affe – Mensch. Von vielen wird sie als Tatsache angesehen, ist aber bis heute nicht bewiesen und deshalb eine bloße Theorie, die längst nicht von allen Wissenschaftlern akzeptiert wird.[11] Es muß betont werden, daß es sich bei allen wissenschaftlichen Theorien um etwas Vorläufiges handelt. Das treffendste Beispiel aus der Neuzeit ist wohl die von Newton begründete Physik, die mit dem allergrößten Respekt behandelt wurde und als praktisch unumstößlich galt, bis Einstein und andere bewiesen, daß die darin gültigen Gesetze bei dem sehr, sehr Kleinen (wo die Quantenmechanik relevant wird) und dem sehr, sehr Schnellen (wo die Relativitätstheorie Bedeutung erlangt) versagten. Bestimmte Versionen von Evolutionstheorien werden nach wie vor an Schulen gelehrt, als handle es sich um »gesicherte Erkenntnisse der modernen Wissenschaft«. Eine wissenschaftliche Theorie für mehr als etwas Vorläufiges zu halten, ist jedoch äußerst unwissenschaftlich.

Der zweite wichtige Punkt ist der, daß es viele verschiedene Interpretationen des Schöpfungsberichtes aus dem Buch Genesis (1. Mose) gibt, die alle von aufrichtigen Christen vertreten werden. Manche glauben, daß die Schöpfung buchstäblich in sechs Tagen stattgefunden habe. Die »Creation Research Society«, 1963 als ein aus zehn Wissenschaftlern bestehendes Komitee in Michigan/USA gegründet, deren Mitgliedschaft auf Wissenschaftler begrenzt ist, die zumindest einen akademischen Grad in einer Naturwissenschaft o. ä. besitzen, hat heute Hunderte von Mitgliedern. Sie glauben, daß alle Arten von Lebewesen durch direkte Handlungen Gottes während der Schöpfungswoche geschaffen worden sind. Was seitdem an biologischen Veränderungen vorgekommen ist, hat nur innerhalb der ursprünglich geschaffenen Arten stattgefunden.

Andere Christen interpretieren Genesis Kapitel 1 anders. Sie weisen darauf hin, daß das hebräische Wort für »Tag« viele verschiedene Bedeutungen hat, auch innerhalb der Heiligen Schrift. Da die Sonne erst am vierten Tag gemacht wurde, ist der Genesis-Schreiber wahrscheinlich nicht von 24-Stunden-Tagen ausgegangen. Das Wort kann auch eine lange Zeitperiode bezeichnen. Daher steht es nicht im Widerspruch zu der herrschenden wissenschaftlichen Ansicht des ungeheuren Alters des Universums, noch zu der allmählichen Weiterentwicklung, wobei Gott nicht nur den Prozeß begonnen, sondern auch darin gearbeitet hat, um ein System zu schaffen, dessen Höhepunkt der Mensch war. Sie weisen darauf hin, daß die in Genesis erwähnte Reihenfolge, von Menschen ohne wissenschaftliche Kenntnisse geschrieben, gewisse Ähnlichkeiten mit dem aufweist, was die Vertreter der Evolutionstheorie glauben – zuerst Pflanzen, dann Tiere, dann als letztes der Mensch.

Manche fügen die Vermutung hinzu, in Genesis 1 handle es sich um Informationen, die in Intervallen eingespeist wurden (»Und Gott sprach ...«). Das Einspeisen einer Information geht sehr schnell vonstatten, während die Ausarbeitung wesentlich länger dauert. Nach Ansicht dieser Christen stimmt dies auf bemerkenswerte Weise mit der Theorie vom Urknall überein, wo alles Wesentliche innerhalb der ersten paar Minuten passiert sei.

Viele Christen sehen Genesis 1 lieber als ein literarisches Werk an, ein poetisches Gebilde, das sich nicht unbedingt auf die chronologischen Ereignisse der Geschichte bezieht. Es handelt sich um einen vorwissenschaftlichen und nichtwissenschaftlichen Schöpfungsbericht, der sich mit Dingen außerhalb des wissenschaftlichen Rahmens beschäftigt. Die poetische Ausdrucksweise kann wahr sein, ohne buchstäblich wahr zu sein. Als der Psalmist schrieb: »Die Erde ist fest gegründet, sie kann nicht bewegt werden« (Psalm 93,1), gebrauchte er ein poetisches Bild. Aber die Gegner Galileis nahmen es wörtlich und argumentierten, die Erde stehe still und alle Theorien eines Kreisens um die Sonne seien verkehrt. Die obenerwähnten Christen sind der Ansicht, daß auch die ersten Kapitel der Genesis ebensowenig wörtlich zu nehmen seien. Es gebe eine starke Beweislast für die Theorie von der Makroevolution, die ja heute von der überwiegenden Mehrheit der Wissenschaftler akzeptiert werde, die damit argumentieren, daß das fossile Beweismaterial sich nicht mit einer wörtlichen Interpretation des Berichtes in Genesis 1 vereinbaren lasse. Für die Menschen, die diese Ansicht vertreten, kommt es vor allem darauf an, daß Gott als derjenige anerkannt wird, der die Gesetze der Physik und der Natur geschaffen hat und erhält, die sich über einen langen Zeitraum hinweg entwickelten und in der Existenz des Menschen gipfelten.

Welchen Standpunkt man auch immer vertreten mag – es muß offensichtlich nicht unbedingt einen Widerspruch zwischen Wissenschaft und biblischem Schöpfungsbericht geben. Angesichts der Ungewißheit und der unterschiedlichen Meinungen unter echten Christen halte ich es für unweise, allzu dogmatisch in der ganzen Sache zu sein (besonders wenn Sie, so wie ich, weder Wissenschaftler noch Theologe sind).

Worum es in Genesis 1 wirklich geht, ist nicht die Beantwortung der Fragen »Wie?« und »Wann?« (die wissenschaftlichen Fragen), sondern »Warum?« und »Wer?« (die theologischen Fragen). Die Bibel ist nicht in erster Linie ein wissenschaftliches, sondern ein theologisches Buch. Ihr liegt mehr an einer persönlichen als an einer wissenschaftlichen Erklärung. Die wissenschaftliche Erklärung kann die persönliche weder beweisen noch widerlegen, sondern sie wirkt nur ergänzend. Sogar Stephen Hawking, den man mit Recht als den brillantesten Wissenschaftler seiner Generation bezeichnen kann, mußte zugeben, daß »die Wissenschaft zwar vielleicht das Problem lösen kann, wie das Universum entstanden ist, aber sie ist nicht in der Lage, die Frage zu beantworten: Warum gibt sich das Universum Mühe zu existieren?«[12]

Dr. John Lennox gebraucht folgende Illustration: »Angenommen, ich fahre den herrlichsten Kuchen auf, den man sich vorstellen kann, und zwar vor den Augen diverser Mitglieder der gelehrtesten Gesellschaften aus aller Welt, von denen ich mir nun die allerbesten aussuche und sie bitte, den Kuchen für mich zu analysieren. Zuerst tritt der weltbekannte Ernährungswissenschaftler vor und fängt an, über die Ausgewogenheit der verschiedenen Stoffe zu referieren, aus denen der Kuchen sich zusammensetzt. Als nächstes macht sich einer der führenden Biochemiker daran, den Kuchen auf biochemischer Ebene zu untersuchen. Der Chemiker seinerseits meint: ›Schön und gut, aber jetzt müssen wir erst einmal sehen, aus welchen chemischen Grundbestandteilen dieser Kuchen besteht.‹ Daraufhin kommt der Physiker an die Reihe und sagt: ›Also, all diese Leute haben Ihnen zwar viel erzählt, aber worauf Sie wirklich achten müssen, das sind die Elektronen und die Protonen und die Quarks.‹ Als letzter betritt der Mathematiker die Bühne und erklärt: ›Letzten Endes ist es notwendig, die wesentlichen Gleichungen zu verstehen, die die Bewegung aller Elektronen und Protonen in diesem Kuchen steuern.‹ Damit ist die großartige Untersuchung des Kuchens beendet. Nun ergreife ich das Wort und sage: ›Meine Damen und Herren, ich möchte Ihnen noch eine weitere Frage stellen. Sagen Sie mir bitte, *warum* dieser Kuchen gemacht wurde.‹ Mit diesen Worten stelle ich ihnen Tante Mathilde vor, die den Kuchen gebacken hat.

Nur wenn die Person, die den Kuchen gemacht hat, bereit ist, den Anwesenden zu verraten, *warum* sie ihn gemacht hat, wird man je hinter dieses *Warum* kommen. Durch wissenschaftliche Analysen allein – und seien sie noch so umfassend und detailliert – läßt sich diese Frage einfach nicht beantworten.

Schließlich läßt sich Tante Mathilde zu der Aussage herbei: ›Ich will Ihrer Not ein Ende bereiten und Ihnen verraten, daß ich diesen Kuchen für meinen Neffen Johnny gemacht habe – er hat nämlich nächste Woche Geburtstag!‹ Hier haben wir die Antwort! Keine noch so umfassenden wissenschaftlichen Untersuchungen, die wir über unseren Planeten durchführen mögen, werden uns darüber Gewißheit verschaffen, warum er gemacht wurde – es sei denn, der Schöpfer selber läßt sich herbei zu reden. Das Phantastische ist, daß er tatsächlich geredet hat, und was er geredet hat, ist als Genesis bekannt.«

Wissenschaft und Bibel ergänzen sich

Gott hat sich selbst in der Schöpfung und ganz besonders durch Jesus Christus geoffenbart, so bezeugt es uns die Bibel. Die Wissenschaft ist das Studium der allgemeinen Offenbarung Gottes in der Schöpfung. Die biblische Theologie ist das Studium der »besonderen« Offenbarung Gottes durch Jesus und die Heilige Schrift.

Von der allgemeinen Offenbarung Gottes in der natürlichen Welt spricht der Psalmist, wenn er sagt:

> Die Himmel erzählen die Herrlichkeit Gottes,
> und das Himmelsgewölbe verkündet seiner Hände Werk.
> Ein Tag sprudelt dem anderen Kunde zu,
> und eine Nacht meldet der anderen Kenntnis –
> ohne Rede und ohne Worte,
> mit unhörbarer Stimme.
> Ihr Schall geht aus über die ganze Erde
> und bis an das Ende der Welt ihre Sprache.
> (Psalm 19,2-5a)

Der Apostel Paulus stellt eine ähnliche Behauptung auf: »Denn sein (d. i. Gottes) unsichtbares Wesen, sowohl seine ewige Kraft als auch seine Göttlichkeit, wird von Erschaffung der Welt an in dem Gemachten wahrgenommen und geschaut, damit sie (d. i. die Menschen) ohne Entschuldigung seien« (Römer 1,20; siehe auch Apostelgeschichte 14,17; 17,22-28).

Manche argumentieren, so wie auch William Paley im 18. Jahrhundert, daß die Existenz Gottes sich anhand der »natürlichen Theologie«, d. h. der allgemeinen Offenbarung Gottes in der Schöpfung, beweisen lasse. Vielleicht geht das zu weit. Immerhin kann man sagen, daß Gott, der Schöpfer, eine Welt gemacht hat, in der vieles darauf hinweist, daß es »mehr gibt, als was mit dem Auge zu erfassen ist«, und daß er sie nicht gänzlich ohne Spuren seines Wesens gelassen hat.

Dafür gibt es zwei Hauptargumente. Erstens muß es, da jedes Ding einen Grund hat, zwangsläufig einen Urgrund aller Dinge geben – und das ist Gott. Um dies zu verdeutlichen, wird gerne die Geschichte von dem Redner im Hyde-Park erzählt, der in seiner Rede den Glauben an Gott heftig attackierte. Er behauptete, die Welt sei durch Zufall entstanden. Während er sprach, traf ihn eine matschige Tomate. »Wer hat die Tomate geworfen?« rief er wütend. Ein Cockney (echter Londoner), der ganz hinten unter den Zuhörern stand, erwiderte schlagfertig: »Keiner hat sie geworfen – sie hat sich selbst geworfen.«

Dieses Argument ist zwar kein *Be*weis, aber doch ein *Hin*weis. Es ist leichter, zu glauben, daß Gott etwas aus nichts geschaffen hat, als zu glauben, daß nichts etwas aus nichts geschaffen hat. Gegen Ende seines Lebens schrieb Charles Darwin, wie »unmöglich (es sei), sich dieses ungeheure, wunderbare Universum einschließlich des Menschen als Produkt eines blinden Zufalls oder einer Zwangsläufigkeit vorzustellen. Wenn ich so darüber nachdenke, fühle ich mich genötigt, nach einem Urgrund aller Dinge auszuschauen, der Verstand und Intelligenz – in gewisser Weise mit der Intelligenz des Menschen zu vergleichen – besitzt, womit ich mit Fug und Recht als ›Theist‹ bezeichnet werden kann.«

Das zweite Argument stützt sich auf einen klar erkennbaren vorgezeichneten Plan. Auch hier handelt es sich nicht um einen »Beweis« im strengen Sinne, aber wiederum um einen kräftigen Hinweis. Professor Chandra Wickramasinghe, der von einem agnostischen hinduistischen Hintergrund kommt, hat gesagt: »Die Möglichkeit, daß das Leben ganz zufällig auf dieser Erde entstanden sein könnte, ist genauso unwahrscheinlich wie die, daß ein Taifun durch einen Schrottplatz fährt und daraus eine Boeing 747 konstruiert.«

Die Sache mit dem vorgezeichneten Plan ist erst kürzlich durch das »anthropische Prinzip« in den Vordergrund gerückt. Die physikalischen Begrenzungen der Natur sind so fein aufeinander abgestimmt, daß wir, wenn sie nur ganz wenig abweichend wären, gar nicht existieren würden.

Am Anfang der Ausdehnung des Universums muß es ein sehr starkes Gleichgewicht zwischen expansiver Energie (die die Dinge auseinandertreibt) und der Schwerkraft (die die Dinge zusammenzieht) gegeben haben. Hätte die Expansion dominiert, dann wäre die Materie so schnell auseinandergeflogen, daß die Verdichtung in Galaxien und Sterne nicht hätte stattfinden können. In einer so dünn besiedelten Welt wäre nicht viel Interessantes passiert. Hätte dagegen die Schwerkraft dominiert, wäre die Welt bereits wieder in sich selbst zusammengestürzt, ehe genug Zeit gewesen wäre, um die Lebensprozesse in Gang zu setzen. Daß wir überhaupt existieren können, erfordert ein starkes Gleichgewicht zwischen den Auswirkungen von Expansion und Kontraktion, das zu einem sehr frühen Zeitpunkt in der Geschichte des Universums (der Planck'schen Zeit) um nicht mehr als 1 in 10^{60} von der Gleichheit abweichen durfte. Wer sich mit Zahlen auskennt, wird über einen solchen Grad der Genauigkeit nur staunen können. Für den weniger Bewanderten will ich eine Illustration von Paul Davies[13] entleihen, die diesen Genauigkeitsgrad verdeutlicht. Er weist darauf hin, daß es so ist, als ob man auf eine 2,5 cm große Zielscheibe auf der entgegengesetzten Seite des wahrnehmbaren Universums, 20 Milliarden Lichtjahre entfernt, zielt und genau ins Schwarze trifft![14]

Stephen Hawking stellt fest:

Wenn die Dichte des Universums eine Sekunde nach dem Urknall um ein Billiardstel größer gewesen wäre, wäre das Universum nach zehn Jahren wieder zusammengestürzt. Wäre diese Dichte dagegen um eben diese Menge geringer gewesen, wäre das Universum bereits nach zehn Jahren im

> wesentlichen leer gewesen. Wie kommt es, daß die ursprüngliche Dichte des Universums so sorgfältig gewählt wurde? Gibt es irgendeinen Grund, weshalb das Universum genau die entscheidende Dichte hat?[15]

Obwohl er nicht an einen Schöpfergott glaubt, scheint seine eigene Theorie doch stark in diese Richtung zu weisen.

Zudem ist es ja nicht einfach nur das Leben, das der Erklärung bedarf. Es geht um intelligentes Leben, den menschlichen Verstand, das logische Gefüge der Welt, um Schönheit, menschliche Liebe, Freundschaft und Gerechtigkeit. Das sind alles Dimensionen einer Realität, die weit über bloße chemische und biologische Gesetze hinaus weist. Kann das wirklich nur das Ergebnis eines blinden Zufalls und einer natürlichen Auslese sein, ohne einen intelligenten Geist, der hinter allem steht?

Das Beweismaterial der Wissenschaft mag auf die Existenz Gottes hinweisen. Die allgemeine Offenbarung in der Natur läßt auf einen persönlichen Schöpfergott von gewaltiger Kraft, Intelligenz und mit einem kolossalen Ideenreichtum schließen. Aber ohne die besondere Offenbarung Jesu Christi, wie sie uns in der Bibel bezeugt wird, hätten wir nur sehr wenig von ihm gewußt.

Albert Einstein, der die Sache aus der Perspektive des Juden betrachtete, hat geschrieben: »Einen legitimen Widerspruch zwischen Wissenschaft und Religion kann es nicht geben. Wissenschaft ohne Religion ist lahm; Religion ohne Wissenschaft ist blind.« Ohne die Religion ist die Wissenschaft in der Tat lahm, und zwar aus verschiedenen Gründen. Erstens läßt sich der Gott der Bibel nicht allein durch die Wissenschaft finden. »Zum Leidwesen des wissenschaftlich Gesinnten ist Gott nicht durch bloße wissenschaftliche Methoden zu entdecken oder zu beweisen. Das beweist jedoch überhaupt nichts; es bedeutet lediglich, daß die verkehrten Werkzeuge für diese Arbeit verwendet werden.«[16] Wir brauchen Gottes spezielle Offenbarung genau wie seine allgemeine Offenbarung. Die ersten sieben Verse aus Psalm 19 sprechen von Gottes allgemeiner Offenbarung in der Natur. Die darauffolgenden Verse sprechen von Gottes spezieller Offenbarung durch sein Gesetz. Nur durch seine spezielle Offenbarung sind wir in der Lage, den »Gott und Vater unseres Herrn Jesus Christus« zu erkennen.

Zweitens ist die Wissenschaft nicht imstande, die tiefsten Bedürfnisse des Menschen anzusprechen. Lewis Wolpert schrieb in *The Times* folgendes: »Die Wissenschaftler – oder irgendein anderer ohne Religion – sehen sich einer Welt gegenüber, in der es keinen wahren Sinn gibt, weder für Schmerz noch für Freude, und sie müssen akzeptieren, daß mit dem Tod alles aus ist, daß es kein Weiterleben gibt.«[17] Die Wissenschaft hat keinerlei Antworten auf die tiefsten Tiefen menschlicher Erfahrung. Sie kann weder mit dem Problem der Einsamkeit noch mit Kummer und Herzeleid fertig werden. Die Wissenschaft ist nicht in der Lage, den moralischen Problemen zu begegnen. Sie hat auch kein Heilmittel für das Problem unvergebener Sünde und Schuld. Die Antwort auf alle diese Probleme finden wir allein im Kreuz Christi.

Susan Howatch, deren Romane zu Bestsellern wurden, besaß Häuser in verschiedenen Ländern und fuhr sowohl einen Porsche als einen Mercedes. Als ihre Ehe in die Brüche ging, so sagt sie, »packte Gott mich beim Kragen«, und sie wurde Christ. Kürzlich schenkte sie der Universität Cambridge eine Million Pfund, um damit eine Dozentur in Theologie und Naturwissenschaft zu finanzieren, weil sie zu dem Schluß gekommen sei, daß Wissenschaft und Theologie »die zwei Seiten der Wahrheit« bildeten. Wir brauchen die Wissenschaft und auch die Wissenschaftler. Unsere Zivilisation hat ihrer Arbeit sehr viel zu verdanken. Aber noch dringender brauchen wir das Christentum und vor allen Dingen ihn – Jesus Christus.

ZUR WEITEREN LEKTÜRE EMPFOHLEN:

Roger Forster and Paul Marston, *Reason and Faith* (Monarch, 1989)
John Polkinghorne, *One World* (SPCK, 1986)

ANMERKUNGEN:

1. C. S. Lewis, *Miracles* (Fontana, 1947), S. 110
2. John Polkinghorne, *One World* (SPCK, 1986), S. 1
3. John Young, *The Case Against Christ* (Hodder & Stoughton)
4. John MacMurray, *Reason and Emotion* (Faber), S. 172
5. John Polkinghorne, *The Daily Telegraph* (24. August 1992)
6. Der Begriff »Wunder« wird manchmal sehr frei benutzt, um beispielsweise eine bemerkenswerte Gebetserhörung zu beschreiben. Es ist bestimmt hilfreich, zwischen göttlicher »Vorsehung«, d. h. der Führung oder Steuerung von Natur, Menschheit und Geschichte durch Gott, und einem »Wunder« zu unterscheiden. Letzteres hat David Atkinson in *The Wings of Refuge* (IVP, 1983), S. 13 sehr treffend als »nicht wiederholbares Gegenbeispiel zu einem ansonsten beweisbaren Naturgesetz« definiert – wie z. B. das Auf-dem-Wasser-Gehen, eine Totenauferwekkung oder die Brotvermehrung.
7. David Hume, *On Miracles* (1748), S. 114
8. Max Planck, *A Scientific Autobiography* (Williams and Norgate, 1950), S. 155
9. C. S. Lewis, *Miracles* (Fontana Books, 1947), S. 51
10. John Stott, *Essentials* (Hodder & Stoughton, 1988), S. 221
11. Dr. James Moore hat darauf hingewiesen, daß es, im Gegensatz zur weitverbreiteten Ansicht, weniger die Theologen waren, die Darwin bekämpften, als vielmehr die Wissenschaftler. »Es waren wenige Theologen und viele Wissenschaftler, die den Darwinismus und die Evolution ablehnten.« (Michael Poole, *Science and Belief* [Lion], S. 102)
12. Stephen Hawking, *Black Holes and Baby Universes and Other Essays* (Bantam Press)
13. Der britische Physiker Paul Davies, Verfasser von *God and the New Physics* und anderer Werke, ist einer der populärsten wissenschaftlichen Schreiber

unserer Tage. Er zeigt merklich wenig Anteilnahme gegenüber dem konventionellen Christentum.

14. John Polkinghorne, *One World* (SPCK, 1986), S. 57
15. Stephen Hawking, *a.a.O.*
16. J. B. Phillips, *Gathered Gold* (Evangelical Press, 1984)
17. *The Times* (10. April 1993)

7
IST DIE GÖTTLICHE TRINITÄT UNBIBLISCH, UNGLAUBHAFT UND IRRELEVANT?

Das Wort »Trinität« stammt von dem lateinischen Ausdruck *trinitas* her und bedeutet soviel wie »Dreiheit«. Die Lehre von der Dreieinigkeit Gottes ist ein wichtiger Stützpfeiler des Christentums. In der Bibel kommt der Begriff »Trinität« oder »Dreieinigkeit« allerdings nicht vor, weshalb manchmal behauptet wird – vor allem von Mitgliedern gewisser Sekten –, diese Vorstellung sei unbiblisch.

Andere stempeln sie als unglaubhaft ab, da sie nicht mit dem Verstand zu begreifen ist. Im Glaubensbekenntnis des Kirchenlehrers Athanasios (4. Jahrhundert) wird die Trinitätslehre wie folgt zusammengefaßt: »... der Vater ist Gott, der Sohn ist Gott, und der Heilige Geist ist Gott, dennoch gibt es nicht drei Götter, sondern den einen Gott.« Die weiße Königin in Lewis Carroll's Märchen *Alice through the Looking Glass* hatte es sich zur Gewohnheit gemacht, jeden Morgen vor dem Frühstück an sechs unmögliche Dinge zu glauben. Manche fragen sich, ob wir als Christen wohl in ähnlicher Weise mit der Trinitätslehre verfahren müssen.

Wieder andere betrachten diese Lehre als irrelevant. Sie mögen sie zwar für wahr halten, glauben aber nicht, daß sie für ihr tägliches Leben von großer Bedeutung ist. Predigten über die Dreieinigkeit ziehen gewöhnlich nicht gerade die Massen an.

Warum sollen wir an die Trinität Gottes glauben? Ist sie biblisch? Ist sie glaubwürdig? Läßt sie sich mit dem Verstand begreifen? Ist sie für unser Leben relevant?

Ist diese Lehre biblisch?

Es stimmt, daß der Begriff »Trinität« oder »Dreieinigkeit« nicht in der Bibel vorkommt. Er wurde erstmalig in griechischer Form von einem der frühen christlichen Schreiber mit Namen Theophilus, Bischof von Antiochien, um das Jahr 180 n. Chr. gebraucht. Doch wie Professor F. F. Bruce richtig bemerkt: »Wir sollten uns nicht von dem törichten Argument irreführen lassen, daß, weil der Begriff ›Trinität‹ in der Heiligen Schrift nicht vorkommt, die Lehre von der Dreieinigkeit unbiblisch sei.«

Das Christentum ist aus dem Judentum hervorgegangen, das eine monotheistische Religion (Glaube an einen Gott) war (5. Mose 6,4), im Gegensatz zum Polytheismus (Vielgötterei) der an Israel angrenzenden Völker. Auch das Neue Testament bekräftigt, daß es nur einen Gott gibt (Johannes 5,44; Römer 3,30; 1. Timotheus 1,17; Jakobus 2,19).

Die ersten Christen wurden mit zwei historischen Begebenheiten konfrontiert, die ihr Gottesverständnis völlig umkrempelten. Da waren zum einen die bemerkenswerten Ereignisse des Lebens, Sterbens und vor allem der Auferstehung Jesu Christi. Sie mußten erkennen, daß etwas Besonderes an Jesus war, was man nur als göttlich bezeichnen konnte. Sehr bald kamen sie dahin, Jesus als Gott anzubeten (z. B. Johannes 20,28), obwohl sie die polytheistischen Vorstellungen des Römischen Reiches strikt ablehnten. Sie erkannten Jesus als göttliche Person, ohne daß er mit Gott identisch war.

Als nächstes machten sie eine Erfahrung mit dem Heiligen Geist, die sie aus der Sphäre rein menschlicher Erfahrungen heraushob und in eine persönliche Beziehung mit der Gottheit hineinversetzte. Sie erkannten, daß der Heilige Geist mit Gott und Jesus wesensgleich war, ohne mit ihnen identisch zu sein. Er war weder der Vater noch der Sohn, aber er war einer wie sie. Sie fingen an, an die Gottheit des Vaters, des Sohnes und des Heiligen Geistes zu glauben. Trotzdem glaubten sie noch immer, daß es nur einen Gott gab.

Wir sehen, wie beispielsweise Johannes dies in seinem Evangelium darlegt. Er bekräftigt, genau wie die anderen Schreiber des Neuen Testaments, daß es nur einen Gott gibt (Johannes 5,44; 17,3). Trotzdem stellt er uns in den ersten Sätzen seines Evangeliums zwei unterschiedliche Personen innerhalb der Gottheit vor: »Im Anfang war das Wort, und das Wort war bei Gott, und das Wort war Gott.« J. I. Packer meint dazu:

> Das Wort war eine Person in Gemeinschaft mit Gott, und dieses Wort war höchstpersönlich und ewig göttlich ... aber das ist noch nicht alles, was Johannes uns über die Pluralität von Personen in der Gottheit beibringen möchte ... Unser Herr gibt (im Johannesevangelium) gleichlaufende Lehre weiter, des Inhalts, daß Gottes Geist ebenfalls eine Person ist ... Somit schreibt Johannes nieder, was unser Herr ihm über das Geheimnis der göttlichen Dreieinigkeit offenbart: drei Personen, und ein Gott ...[1]

Die Vorstellung von der Dreieinigkeit Gottes durchzieht die Seiten des Neuen Testaments. Ja, man kann sagen, daß sich Hinweise auf diese Lehre auch im Alten Testament finden, und zwar bereits in 1. Mose 1,1-3a. In Vers 1 lesen wir von Gott, dem Schöpfer. In Vers 2 heißt es: »Und der Geist Gottes schwebte über den Wassern.« Und Vers 3 beginnt mit: »Und Gott sprach ...« Gott schuf durch sein Wort. Johannes erklärt uns in seinem Evangelium, daß das Wort kein anderer ist als Jesus selbst (Johannes 1,14). Somit waren Gott Vater, Gott Sohn und Gott Heiliger Geist von Anfang an da.

Im Neuen Testament finden wir mehrere Formulierungen, die die Dreieinigkeit zum Inhalt haben. Die Wassertaufe des Gläubigen soll im Namen (Einzahl!) des Vaters und des Sohnes und des Heiligen Geistes stattfinden (Matthäus 28,19). Paulus schreibt am Schluß seines

2. Briefes an die Korinther: »Die Gnade des Herrn Jesus Christus und die Liebe Gottes und die Gemeinschaft des Heiligen Geistes sei mit euch allen« (2. Korinther 13,14). Obwohl diese beiden Stellen die Lehre von der Dreieinigkeit nicht ausdrücklich erwähnen, weisen sie doch ganz stark darauf hin.

Paulus sieht praktisch jede Seite des christlichen Glaubens und Lebens im Blick auf die göttliche Trinität. Wie John Stott in seinem Kommentar zu Epheser Kapitel 1 ausführt, sind beide Hälften des Kapitels »ihrem Wesen nach trinitarisch ... beide sind an Gott, den Vater, gerichtet ... beide nehmen definitiv auf das Werk Gottes in und durch Christus Bezug ... beide Teile des Kapitels weisen, wenn auch indirekt, auf das Wirken des Heiligen Geistes hin ... christlicher Glaube und christliches Leben sind beide grundsätzlich trinitarisch.«[2]

Im zweiten Kapitel desselben Briefes benutzt Paulus in bezug auf unsere Beziehung zu Gott und auf das Gebet ebenfalls eine trinitarische Ausdrucksweise. Durch Jesus haben wir »durch einen Geist« den Zugang »zum Vater« (Epheser 2,18). In Kapitel 3, wo es um die Erfüllung mit dem Heiligen Geist geht, wird, wie wir später noch sehen werden, ebenfalls in trinitarischen Begriffen gesprochen. In Kapitel 4 ermahnt Paulus aus trinitarischen Gründen zur christlichen Einheit: »... *Ein* Geist ... *ein* Herr ... *ein* Gott und Vater aller« (Epheser 4,4-6). Im zweiten Teil von Epheser 4, wo Paulus seine Leser zu gottgefälligem Leben ermahnt, ist es, wie John Stott herausstellt, »bei der Erteilung seiner moralischen Anweisungen für ihn ganz natürlich, die drei Personen der Trinität zu erwähnen. Er fordert uns auf, ›Gott nachzuahmen‹, ›Christus kennenzulernen‹ und ›den Heiligen Geist nicht zu betrüben‹.«[3]

Schließlich gebraucht Paulus auch im Hinblick auf unseren Gottesdienst eine trinitarische Ausdrucksweise (Epheser 5,18-20). »Wiederum ist es die Lehre von der Dreieinigkeit, die unsere Gottesverehrung beseelt und bestimmt. Wenn wir mit dem Heiligen Geist erfüllt sind, sagen wir Gott, unserem Vater, Dank im Namen unseres Herrn Jesus Christus.«[4]

Der Epheserbrief ist aber nicht die einzige Stelle, an der die trinitarische Überzeugung des Paulus in Erscheinung tritt. Im 1. Korintherbrief beschreibt er die Gaben des Geistes folgendermaßen: »Es gibt aber Verschiedenheiten von Gnadengaben, aber es ist derselbe *Geist*; und es gibt Verschiedenheiten von Diensten, und es ist derselbe *Herr*; und es gibt Verschiedenheiten von Wirkungen, aber es ist derselbe *Gott*, der alles in allen wirkt« (1. Korinther 12,4-6, Hervorhebungen von mir).

Im 2. Thessalonicherbrief sieht Paulus die göttliche Dreieinigkeit als Initiator, der die Möglichkeit wie auch das Ziel der Errettung geschaffen hat: »... daß *Gott* euch von Anfang an erwählt hat zur Errettung in Heiligung des *Geistes* ... zur Erlangung der Herrlichkeit unseres *Herrn Jesus Christus*« (2. Thessalonicher 2,13-14, Hervorhebungen von mir).

Paulus ist nicht der einzige neutestamentliche Schreiber, der auf die Dreieinigkeit Bezug nimmt. Petrus beispielsweise beschreibt am Anfang seines 1. Briefes die Art und Weise, wie Gott uns erwählt hat, in trinitarischen Worten: »... den Fremdlingen ... die auserwählt sind nach Vorkenntnis *Gottes, des Vaters*, in der Heiligung des *Geistes* zum Gehorsam und zur Blutbesprengung *Jesu Christi*« (1. Petrus 1,1-2, Hervorhebungen von mir).

Trotz dieser und vieler anderer ähnlicher Stellen im Neuen Testament gibt es keine formelle Glaubenserklärung über die Dreieinigkeit. Die ersten Christen erlebten zunächst ganz einfach die Realität Gottes als Vater, Sohn und Heiliger Geist. Erst viel später wurde eine einheitliche, systematische Lehre als Antwort auf die ketzerischen Ansichten, die kursierten, herausgegeben.

Da war zum einen beispielsweise Arius (ca. 250-336 n. Chr.), der wegen Häresie aus der Kirche ausgeschlossen wurde, weil er behauptete, Jesus sei ein Geschöpf und erst durch seine Erlösungstat zur Gottheit erhoben worden. Vater, Sohn und Heiliger Geist seien drei selbständige Wesen. »Die drei sind nach seiner Vorstellung völlig unterschiedliche Wesen, die in keiner Weise derselben Natur oder Substanz teilhaftig sind.«[5] Im 6. Jahrhundert vertrat Philoponus von Alexandria den Standpunkt, daß es drei verschiedene Götter gebe, die alle von gleicher Art, jedoch eigenständig und voneinander getrennt seien. Eine solche Theologie läuft auf Vielgötterei hinaus.

Auf der anderen Seite stand Sabellius, der die göttliche Dreieinigkeit auf eine Einheit mit drei unterschiedlichen Ausdrucksweisen reduzierte. Vater, Sohn und Heiliger Geist waren für ihn lediglich symbolische Bezeichnungen für einen Gott in seinen verschiedenen Aktivitäten. Anstatt drei Personen sah er ein einziges Wesen, das sein Gesicht veränderte, je nachdem, ob es sich als Schöpfer, Erlöser oder Heiligender betätigte – eine Person mit drei Bezeichnungen also.

Im Gegensatz zu solch ketzerischen Ansichten kam man auf dem Konzil von Konstantinopel im Jahre 381, das auf das Konzil von Nizäa 325 aufbaute, zu der Aussage, daß es einen Gott (eins im Wesen) und drei Personen gebe. Diese Sichtweise ist seitdem von jeder rechtgläubigen Kirche vertreten worden. Die traditionelle Lehre ist im Glaubensbekenntnis des Athanasios folgendermaßen zusammengefaßt:

> Wir verehren einen Gott in der Dreiheit, und die Dreiheit in der Einheit, verwechseln dabei weder die göttlichen Personen, noch zerteilen wir die Gottheit. Denn es gibt eine Person des Vaters, eine andere des Sohnes und eine andere des Heiligen Geistes; aber Gott Vater, Gott Sohn und Gott Heiliger Geist sind alle eins.

Ist diese Lehre glaubwürdig?

Diejenigen, die die Trinitätslehre für unglaubwürdig halten, weil sie ihnen unbegreiflich erscheint, mögen vielleicht auf einen anderen Teil des Glaubensbekenntnisses des Athanasios verweisen: »Der Vater unbegreiflich, der Sohn unbegreiflich und der Heilige Geist unbegreiflich ... nicht drei Unbegreiflichkeiten ... sondern ... eine Unbegreiflichkeit.« Der Theologe Alister McGrath meint dazu, daß viele sicher versucht sind hinzuzufügen: »Ich begreife das Ganze nicht!« »Unbegreiflich« bedeutet jedoch nicht »außerhalb des Verstandes«; es bedeutet vielmehr, »daß die Personen (der Gottheit) nicht zu erfassen oder festzumachen sind. Sie lassen sich von uns Menschen weder binden noch begrenzen.«[6] Zugegeben, die Trinitätslehre ist nicht einfach zu verstehen. Schließlich geht es um das Wesen Gottes selber, deshalb verwundert es nicht, daß er die Grenzen unseres Verstandes sprengt. Einer der größten Theologen der Kirchengeschichte, Augustinus von Hippo (354-430), schrieb ein 15bändiges Werk über die Dreieinigkeit (»De trinitate« = über den dreifaltigen Gott), in dem er die tiefgründigsten und konkretesten Aussagen, die je zu diesem Thema gemacht worden sind, zusammenfügte und ihnen den letzten Schliff gab. Doch selbst ihm gelang es nicht, die volle Tiefe dieser Lehre zu ergründen. Gott läßt sich nicht fein säuberlich in eine Kiste packen, und er ist gewiß nicht leicht zu verstehen.

Ein Prediger fragte seine Zuhörer, nachdem er über die Dreieinigkeit gesprochen hatte: »Habe ich mich klar genug ausgedrückt?« Ein Mann rief: »Jawohl!«, woraufhin der Prediger erwiderte: »In dem Fall haben Sie mich falsch verstanden!« Augustinus selbst hat gesagt: »Wenn man es verstehen kann, ist es nicht Gott!« Er wollte damit nicht sagen, daß wir nicht versuchen können oder sollen, es zu verstehen, sonst hätte er bestimmt nicht 15 Bände über dieses Thema geschrieben. Was er sagen wollte, ist, daß es in bezug auf Gott immer ein Element des Geheimnisvollen und Unergründlichen geben wird.

Es könnte nun vielleicht jemand fragen: »Warum soll ich mir überhaupt die Mühe machen, es verstehen zu wollen?« beziehungsweise: »Ist das denn wirklich so wichtig?« Jawohl, es ist wichtig, und wir sollten uns alle Mühe geben, es soweit wie möglich zu verstehen, weil es für den christlichen Glauben von fundamentaler Bedeutung ist. Unser Gott ist ein dreieiniger Gott.

Viele haben versucht, anhand von menschlichen Analogien oder Vergleichen die Trinitätslehre verständlich zu machen. Ein ganz simpler Vergleich ist der mit einem Dreieck: drei Seiten, aber ein Dreieck. Fast genauso einfach ist der Vergleich mit einem Kleeblatt, wie vom irischen Bischof Patrick (5. Jahrhundert) vorgeschlagen. Jeder der drei Teile des Kleeblatts ist wichtig, aber das Blatt selber ist größer als seine Teile. Ähnlich ist es mit der britischen Nationalflagge, dem Union Jack, die sich aus den Flaggen des hl. Georg, des hl. Andreas und des hl. Patrick zusammensetzt. Andere verweisen auf H_2O, das sich als Wasser, Eis und Dampf manifestiert. Das Schwierige an all diesen Vergleichen ist, daß sie unpersönlich sind. Trotzdem können sie uns die dreifache Natur Gottes veranschaulichen. John Eddison gebraucht in seinem Kinderbuch *Talking to Children* den Vergleich mit einem Buch. Ein Buch existiert gleichzeitig auf dreierlei völlig unterschiedliche, getrennte Art und Weise – im Kopf des Autors, im Regal der Bibliothek und in der Phantasie des Lesers. Andere benutzen die Analogie eines Hauses. Der Architekt (Gott, der Vater) kann sagen: »Das ist mein Haus.« Der Käufer (Gott, der Sohn) kann sagen: »Es ist mein Haus.« Und der Mieter (Gott, der Geist) kann sagen: »Es ist mein Haus.«[10]

Natürlich wäre es viel besser, einen persönlichen Vergleich für die Dreieinigkeit zu gebrauchen. Doch gibt es dabei oft Probleme. Manche benutzen z. B. das Bild einer Familie mit Vater, Mutter und Kind. Damit tendieren sie jedoch zu der Häresie von Philopanus, weil die Vorstellung von drei Göttern anstatt nur einem erzeugt wird. Auf der anderen Seite erinnert der manchmal verwendete Gedanke eines Vaters, der den größten Teil seiner Zeit als Feuerwehrmann, den Samstag jedoch als Fußballer und den Sonntagabend als Angler verbringt, stark an die von Sabellius vertretene Irrlehre, weil man sich unwillkürlich einen Gott mit drei verschiedenen Ausdrucksweisen vorstellt.

Bei unserem Versuch, die Dreieinigkeit Gottes zu verstehen, müssen wir uns dreier einschränkender Faktoren bewußt sein. Erstens ist unsere menschliche Sprache begrenzt. Der österreichische Philosoph Ludwig Wittgenstein hat darauf hingewiesen, daß menschliche Worte nicht imstande sind, etwas so Alltägliches wie den Duft von frisch gebrühtem Kaffee zu beschreiben. Wieviel schwieriger muß es da sein, Gott mit menschlichen Worten zu beschreiben!

Zweitens müssen wir uns die Grenzen unseres eigenen Verstandes und unserer Intelligenz bewußt machen. »Unsere beschränkte Vernunft seufzt unter der Last, Gott erfassen zu wollen.«[11] Bei dem Versuch, die göttliche Trinität zu beschreiben, müssen wir auf die Ausdrucksweise des Paradoxons zurückgreifen. Ein Paradoxon ist laut der Definition des *Fremdwörter-Dudens* eine »scheinbar zugleich wahre und falsche Aussage«. Der Wissenschaftler und Theologe Alister McGrath nennt dazu ein Beispiel aus der Welt der Wissenschaft:

> Ein Beispiel aus dem wissenschaftlichen Bereich betrifft die Beschaffenheit des Lichtes. Bis zur ersten Dekade des 20. Jahrhunderts wußte man, daß das Licht sich auf äußerst merkwürdige Weise verhielt – manchmal in der Art einer Welle und manchmal wie ein einzelnes Teilchen. Da es nicht beides zugleich sein konnte, sprachen die Wissenschaftler von einem Widerspruch in sich. Wie konnte das Licht zwei völlig verschiedene Dinge sein? Doch schließlich erkannte man durch die Entwicklung der Quantentheorie, daß dieser »Widerspruch« lediglich die fundamentale Schwierigkeit zum Ausdruck brachte, die tatsächliche Beschaffenheit des Lichtes zu erkennen. Mit anderen Worten, der Widerspruch war nicht auf das Licht selbst zurückzuführen, sondern auf unsere Schwierigkeiten, es zu begreifen.[12]

Weiter zeigt der Schreiber auf, daß das Wesen des Lichtes es erforderlich machte, zwei einander widersprechende Modelle zu benutzen, um sein Verhalten zu erklären (bei Gott sind sogar drei entgegengesetzte Modelle notwendig).

> Die meisten von uns wissen, was Licht ist, ohne lange über Wellen, Teilchen oder Quantentheorie nachdenken zu müssen. Licht ist das, was wir brauchen, um sehen, unserer täglichen Beschäftigung nachgehen, lesen und schreiben zu

> können. Licht ist das, was von der Sonne und, in geringerem Maße, vom Mond kommt. Es ist das, was wir erhalten, wenn wir die elektrische Beleuchtung einschalten oder ein Streichholz anzünden. Wenn wir Physiker wären, würden wir vielleicht viel detaillierter über das Licht in seiner ganzen komplexen Vielfalt nachdenken – ja, wir würden vielleicht anfangen, über Wellen, Teilchen und Quantentheorie zu diskutieren. Doch all das ist nicht notwendig, um vom Licht Gebrauch zu machen oder es zu erkennen, wenn wir es sehen.[13]

Die Tatsache, daß man die göttliche Dreieinigkeit nicht völlig begreifen kann, bedeutet noch längst nicht, daß sie keinen Sinn macht. Wenn ich den Fernsehapparat einschalte, verstehe ich auch nicht, wie er funktioniert, aber ich weiß, es gibt eine Erklärung, die über die Grenzen meines Verstandes hinausgeht und absolut sinnvoll ist.

Drittens müssen wir uns darüber im klaren sein, daß wir in einer begrenzten Welt leben und nur einen begrenzten Verstand besitzen. Bei C. S. Lewis habe ich einen Vergleich gefunden, der mir eine große Hilfe geworden ist. Er schreibt:

> Ich möchte Sie nun bitten, mir einige Minuten lang größte Aufmerksamkeit zu schenken.
>
> Wie Sie wissen, kann man sich im Weltraum in dreierlei Art und Weise bewegen – nach links oder rechts, rückwärts oder vorwärts, nach oben oder unten. Jede Richtung ist entweder eine der drei genannten oder ein Zwischending. Man nennt sie die drei Dimensionen. Achten Sie nun auf folgendes: Wenn Sie nur eine Dimension benutzen, können Sie lediglich eine gerade Linie ziehen. Benutzen Sie zwei Dimensionen, können Sie eine Figur – sagen wir: ein Viereck – zeichnen. Und dieses Viereck besteht aus vier geraden Linien. Gehen wir noch einen Schritt weiter: Wenn Sie drei Dimensionen zur Verfügung haben, können Sie einen Festkörper – sagen wir: einen Kubus – bauen, so etwas wie einen Würfel oder ein Zuckerstück. Und der Kubus besteht aus sechs Vierecken.

Sehen Sie, worauf ich hinaus will? Eine eindimensionale Welt wäre nur eine gerade Linie. In einer zweidimensionalen Welt gibt es immer noch gerade Linien, aber aus mehreren Linien wird eine Figur. In einer dreidimensionalen Welt gibt es immer noch Figuren, aber viele Figuren werden zu einem Festkörper. Mit anderen Worten: Indem man auf immer realere und kompliziertere Ebenen vordringt, läßt man das, was man auf den einfacheren Ebenen vorgefunden hat, nicht einfach hinter sich; man besitzt es immer noch, aber nun in einer ganz neuen Kombination – einer Kombination, die man sich überhaupt nicht vorstellen könnte, wenn man nur die geringere Ebene kennen würde.

Die christliche Beschreibung über Gott ist auf genau das gleiche Prinzip aufgebaut. Da ist zunächst die menschliche Ebene, eine sehr simple und ziemlich nichtssagende Ebene. Auf der menschlichen Ebene ist eine Person ein einzelnes Wesen, und zwei Personen sind eben zwei einzelne Wesen. Ähnlich verhält es sich auf der zweidimensionalen Ebene – sagen wir: auf einem Blatt Papier –, wo ein Viereck eine Figur und zwei Vierecke nichts anderes als zwei verschiedene Figuren bedeuten. Auch auf der göttlichen Ebene gibt es noch Personen, aber nun in einer ganz neuen Kombination, die wir, die wir nicht auf dieser Ebene leben, uns nicht vorstellen können. In der Dimension Gottes, so möchte ich sagen, begegnet uns ein Wesen, das aus drei Personen besteht und doch eins ist, genau wie ein Würfel aus sechs Vierecken besteht und doch ein Würfel ist. Natürlich können wir ein solches Wesen nicht völlig begreifen, so wie wir, wenn wir von Natur aus nur zwei Dimensionen im Weltraum wahrnehmen könnten, uns einen Würfel nie richtig vorstellen könnten. Aber wir bekommen doch eine ganz leise Ahnung davon. Und wenn das geschieht, ahnen wir, wahrscheinlich zum ersten Mal in unserem Leben, definitiv, wenn auch sehr schwach, daß es etwas Überpersönliches geben muß – etwas, was mehr ist als eine Person. Es ist etwas, was wir nie vermutet hätten, und doch, sobald wir davon erfahren, meinen wir, wir hätten es eigentlich wissen müssen, weil es so gut mit all dem, was uns bereits bekannt ist, übereinstimmt.

Vielleicht fragt jemand: »Wenn man sich ein dreipersonales Wesen ja doch nicht vorstellen kann, was nützt es, überhaupt darüber zu reden?« Nun, nur darüber zu reden, nützt in der Tat nichts. Worauf es ankommt, ist, sich in dieses dreipersonale Leben wirklich hineinziehen zu lassen, und das kann zu jeder Zeit geschehen – wenn Sie wollen, noch heute abend.[14]

Ist diese Lehre relevant?

Die Trinitätslehre ist für uns höchst relevant, weil sie Licht auf das Wesen Gottes und auf sein Verhältnis zu seiner Schöpfung wirft.

Erstens zeigt uns die Dreieinigkeit, daß Gott absolut unabhängig ist. Er war nicht darauf angewiesen, etwas zu erschaffen. Die drei Personen der Gottheit waren da, lange bevor das Universum geschaffen wurde. Gott brauchte kein Geschöpf, um lieben und sich mitteilen zu können. Die drei Personen der Gottheit liebten einander und pflegten Umgang miteinander, ehe das Weltall gemacht wurde.

Zweitens erfahren wir, daß drei wesentliche Modelle erforderlich sind, um die christliche Erfahrung und das Verständnis über Gott in ihrer vollen Tiefe angemessen zum Ausdruck zu bringen. Kein Bild, keine Idee oder Vorstellung von Gott reicht für sich allein aus – vielmehr sind diese drei Modelle unentbehrlich, wenn wir die grundlegenden Konturen unseres christlichen Gottesverständnisses erhalten wollen. Das erste Modell ist das eines transzendenten Gottes, der sich jenseits der Welt befindet – als ihr Urheber, ihr Schöpfer. Das zweite Modell ist das menschliche Angesicht Gottes, wie es sich in der Person Jesu Christi offenbart; und das dritte ist das des innewohnenden Gottes, der als der Gegenwärtige und Aktive in seiner Schöpfung wirkt. Die Lehre von der göttlichen Dreieinigkeit bestätigt, daß diese drei Modelle, zusammengenommen, die wesentlichen christlichen Einsichten über den Gott, der Jesus Christus von den Toten auferweckt hat, darlegen. Keines von ihnen kann für sich allein den Reichtum der christlichen Gotteserfahrung angemessen einfangen.[15]

Drittens ist es der dreieinige Gott, der die fundamentalsten psychologischen Bedürfnisse unseres Menschseins befriedigt. Eine Beschäftigungstherapeutin, die im Rahmen einer humanistischen, säkularen Ausbildung Unterricht in Psychologie bekommen hatte, erzählte mir, sie habe gelernt, daß jeder Mensch drei Dinge unbedingt braucht. Zum ersten brauchen wir einen Bezugspunkt. Wir müssen wissen, wer wir sind, woher wir kommen und wohin wir gehen. Zum zweiten brauchen wir ein Rollenvorbild (beispielsweise den Therapeuten) und zum dritten jemanden, der uns hilft, dieses Vorbild zu erreichen (das mag ein Berater sein oder mit Hilfe der Gruppe geschehen). Als diese Frau Christ wurde, so sagte sie, wurde ihr plötzlich klar, daß Gott unser Bezugspunkt ist, Jesus unser großes Vorbild und der Heilige Geist derjenige, der uns hilft, Jesus ähnlich zu werden. Sie erkannte, daß die göttliche Dreieinigkeit in der Tat die tiefsten psychologischen Bedürfnisse jedes Menschen stillen kann.

Viertens ist die Trinitätslehre so wichtig, weil sie uns lehrt, daß in jeder Handlung, in der Gott sich offenbart, von Natur aus eine Dreifachheit vorhanden ist, wodurch wir gezwungen sind, in trinitarischem Sinne an das Wesen Gottes zu denken. Im Neuen Testament wird praktisch jede lehrmäßige Erfahrung – sei es Taufe, Gnade, Erlösung, Erwählung, Anbetung, Einheit – in trinitarischen Worten beschrieben. Um Gott zu verstehen und die Lehren über Gott zu begreifen, müssen wir einfach in diesen Begriffen denken.

Zum Schluß möchte ich anhand eines Beispiels noch mehr ins Detail gehen. In Epheser 3 beschreibt der Apostel Paulus die Fülle des Geistes in trinitarischer Form, wenn er betet, daß die Christen in Ephesus mit dem Heiligen Geist erfüllt werden möchten:

> Deshalb beuge ich meine Knie vor dem Vater, von dem jede Vaterschaft in den Himmeln und auf Erden benannt wird: er gebe euch nach dem Reichtum seiner Herrlichkeit, mit

> Kraft gestärkt zu werden durch seinen *Geist* an dem inneren Menschen; daß der *Christus* durch den Glauben in euren Herzen wohne und ihr in Liebe gewurzelt und gegründet seid, damit ihr imstande seid, mit allen Heiligen völlig zu erfassen, was die Breite und Länge und Höhe und Tiefe ist, und zu erkennen die die Erkenntnis übersteigende Liebe des Christus, damit ihr erfüllt werdet zur ganzen Fülle *Gottes* (Epheser 3,14-19, Hervorhebungen von mir).

Die Fülle des Geistes ist eine Erfahrung der Vaterschaft Gottes. Paulus betet zum Vater, dem Urheber des Ganzen. In Römer 8 kommt die Beteiligung des Vaters bei der Geisteserfahrung noch deutlicher zum Ausdruck: »Denn so viele durch den Geist Gottes geleitet werden, die sind Söhne Gottes. Denn ihr habt nicht einen Geist der Knechtschaft empfangen, wieder zur Furcht, sondern einen Geist der Sohnschaft habt ihr empfangen, in dem wir rufen: Abba, Vater! Der Geist selbst gibt Zeugnis unserem Geist, daß wir Kinder Gottes sind« (Römer 8,14-16).

Sie ist zudem eine Erfahrung der Liebe Christi. Paulus betet darum, »daß der Christus durch den Glauben in euren Herzen wohne und ihr in Liebe gewurzelt und gegründet seid, damit ihr imstande seid, mit allen Heiligen völlig zu erfassen, was die Breite und Länge und Höhe und Tiefe ist, und zu erkennen die die Erkenntnis übersteigende Liebe des Christus, damit ihr erfüllt werdet zur ganzen Fülle Gottes« (Epheser 3,17-19).

Schließlich ist sie auch eine Erfahrung der Kraft des Geistes. Paulus betet, daß Gott es den Ephesern geben möge, »mit Kraft gestärkt zu werden durch seinen Geist an dem inneren Menschen« (Vers 16). Das ist die Kraft, die Jesus seinen Jüngern als letzte Verheißung mitgab, ehe er in den Himmel auffuhr (Apostelgeschichte 1,8).

Wenn der Heilige Geist uns erfüllt, erleben wir die Vaterschaft Gottes, die Liebe Christi und die Kraft des Geistes. Und doch lassen sich diese drei nicht voneinander trennen. Paulus betet, daß »sein Geist«, »Christus« und die »ganze Fülle Gottes« die Epheser erfüllen möge. Die drei sind eins und doch drei. Wir sollen Gott nicht nur mit dem Verstand begreifen, sondern ihn auch in unserem Herzen und Leben erfahren. Wer sich mit dem Heiligen Geist erfüllen läßt, erlebt Gott als Dreieinigkeit.

ZUR WEITEREN LEKTÜRE EMPFOHLEN:

Alister McGrath, *Understanding the Trinity* (Kingsway Publications, 1987)

ANMERKUNGEN:

1. J.I. Packer, *Knowing God* (Hodder & Stoughton, 1973), S. 68-70
2. John Stott, *God's New Society* (IVP, 1979), S. 52. (Jetzt neu in der Reihe *The Bible Speaks Today* erschienen.)
3. *Ibd.*, S. 191
4. *Ibd.*, S. 207
5. J.N.D. Kelly, *Early Christian Doctrines* (Adam and Charles Black), S. 229
6. Gerald Bray, *Creeds, Councils & Christ* (IVP, 1984), S. 178
7. *The Times* (25. Juni 1992)
8. *The Times* (1. Juli 1992)
9. *Ibd.*
10. John Eddison, *Talking to Children* (H. E. Walter Ltd., 1979), S. 15
11. Alister McGrath, *Understanding the Trinity* (Kingsway Publications, 1987)
12. *Ibd.*, S. 138-139
13. *Ibd.*
14. C. S. Lewis, *Mere Christianity* (Fount, 1944), S. 138-139
15. Alister McGrath, *a.a.O.*, S. 136-137

Weitere Titel aus dem Verlag C.M. Fliß:

Mike Yorkey: **Teen Chat**
Online-Diskussionen über heiße Themen
Best.-Nr. 326.840
Lesen Sie die Chats von Teens, die sich übers Internet kennengelernt haben und ihre Probleme und Nöte diskutieren.

Ed Hindson: **Probleme sind Gelegenheiten**
Best.-Nr. 326.838
In unseren dunkelsten Stunden ist Gott uns nah. Deshalb können unsere Probleme Gottes Gelegenheiten sein.

David Wilkerson: **Die Zeit läuft ab**
Best.-Nr. 326.833
Wilkerson deckt die diesseitigen, materialistischen Denkweisen auf und ruft zur Buße und Umkehr.

Dr. Med. Maurice S. Rawlings: **Zur Hölle und zurück**
Best.-Nr. 326.806
Leben nach dem Tod – überraschend neue Beweise.

Weitere Titel aus dem Verlag C. M. Fliß:

Charlie W. Shedd: **Ich spürte ihren Flügelschlag**
Best-Nr. 326.999
Lesen Sie Shedds inspirierende Engelgeschichten aus seinem eigenen Leben.

Hope MacDonald: **Engel in Aktion**
Best-Nr. 326.911
Ihr Glaube wird gestärkt werden und Sie werden Trost empfangen, wenn Sie durch diese Engelgeschichten einen Blick in die himmlische Herrlichkeit tun können.

Chester & Lucile Huyssen: **Ich habe den Herrn gesehen**
Best-Nr. 326.807
Dies ist eine Sammlung von Zeugnissen, in denen Frauen und Männer von ihren übernatürlichen Begegnungen mit Jesus berichten.

Margaret Jensen: **Fest verankert – fester Halt!**
Best-Nr. 326.824
Margaret Jensens lebensnahe Erzählungen möchten Sie ermutigen und Ihnen die Hoffnung und Gewißheit nahebringen, die nur in Jesus Christus zu finden sind.

Bitte bestellen Sie bei:
Verlag C. M. Fliß, Postfach 61 04 70, 22424 Hamburg
Tel. 040 / 58 64 92, Fax 040 / 58 37 04